La redención de las provincias
y la decencia nacional
Escritos políticos III (1931-1933)

José Ortega y Gasset

La redención de las provincias y la decencia nacional

Escritos políticos III (1931-1933)

Alianza editorial
El libro de bolsillo

Primera edición: mayo de 2026

Diseño de colección: Estrada Design
Diseño de cubierta: Manuel Estrada
Fotografía de Javier Ayuso

PAPEL DE FIBRA
CERTIFICADA

ISBN: 979-13-7009-251-1
Depósito legal: M. 3.177-2026
Printed in Spain

Índice

Índice

ESCRITOS POLÍTICOS (1931-1933)

Índice

Nota preliminar

Con esta edición arribamos al final del recorrido por los escritos de contenido político de Ortega, presentando junto a *La redención de las provincias y la decencia nacional* otros ensayos en que interpreta su circunstancia desde una perspectiva política en los años de la II República en España, proclamada el 14 de abril de 1931.

Junto con la comprensión de su circunstancia, Ortega procura una intervención activa en ella para su «salvación»; esta segunda motivación es política. En los años de madurez de su trayectoria intelectual estos objetivos se terminan separando completamente. Entre 1931 y 1932 participa activamente en la creación y puesta en marcha de la Agrupación al Servicio de la República –esperanzado con el nuevo régimen de gobierno, que contribuye a impulsar junto con Ramón Pérez de Ayala y Gregorio Marañón, cofundadores de la Agrupación en enero de 1931.

Pero termina desencantado con el devenir de los acontecimientos y la escasa efectividad de la voz del intelectual. En la obra *Rectificación de la República*, en que publica, en diciembre de 1931, varios artículos y discursos pronunciados en el marco de su participación parlamentaria como diputado en las Cortes Constituyentes, se atisba ya una demanda de corrección. Pocos meses tras la disolución del partido en 1932, Ortega se desvincula de la política activa y se encomienda al «silencio» respecto a temas directamente relacionados con ella. Comienza entonces la que denomina su «segunda navegación». En 1936 estallaría la Guerra Civil y se vería obligado al exilio para salvar su propia vida.

En este volumen publicamos *La redención de las provincias y la decencia nacional*, monografía que ve la luz en 1931 en la editorial Revista de Occidente, compuesta de dos partes. La primera, «La redención de las provincias», contiene dieciséis artículos sobre «Ideas políticas» publicados en *El Sol* entre el 18 de noviembre de 1927 y el 22 de febrero de 1928, que componen los capítulos del I al IX del libro. La censura de la dictadura de Primo de Rivera, que ostentaba el gobierno durante esos años, impidió que el artículo que daría contenido al capítulo X, sobre la idea de «gran comarca», llegara a salir en el periódico. En este capítulo, Ortega abogaba por la organización de España en regiones autónomas, una idea que, muchos años después, sería puesta en práctica en la Constitución de 1978, actualmente vigente. En esta parte, el filósofo despliega las ideas contenidas en el artículo, previamente publicado en 1927 titulado «Dislocación y restauración de España», que aparece en el anterior volumen de esta «Biblioteca de autor»: *Mirabeau o el político. Escritos políticos II (1920-1930)*. La segunda parte, «La decencia nacional», compila el trascendental artículo «Bajo el arco en ruina», que apareció en *El Imparcial* el 13 de junio de 1917, y los artículos «Organización de la decencia nacional», «El error Berenguer» –que concluye con su conocido «*Delenda est Monarchia*»– y «Un proyecto», publicados en *El Sol* el 5 de febrero, el 15 de noviembre y el 6 de diciembre de 1930, respectivamente. El libro se incluiría en la primera edición de las *Obras* de Ortega de 1932, pero sería suprimido de las siguientes ediciones en vida de Ortega. En 1969 se reincorporaría a las mismas, en el tomo XI.

Incluimos en esta edición, además, los escritos políticos relacionados con la participación de Ortega en la Agrupación al Servicio de la República, que mencionamos en orden cronológico: «Agrupación al Servicio de la República.– [Manifiesto]», publicado primero en *La Nación* de Buenos Aires, el 19 de enero de 1931, ante la imposibilidad de hacerlo en España por la censura y, una vez relajada esta, el 10 de febrero de 1931, en *El Sol*. Ese mismo mes de febrero se difundiría impreso como manifiesto fundacional de la Agrupación. A continuación, ofrecemos el «[Discurso en Segovia]», que recoge las palabras del filósofo, publicadas de forma póstuma, en el que sería el primer acto público de la Agrupación, que tuvo lugar en el Teatro Juan Bravo de Segovia el 14 de fe-

brero de 1931, acto que tuvo a Antonio Machado de anfitrión y en el que Ortega participó con Pérez de Ayala y
Marañón. También incluimos «Agrupación al Servicio
de la República.– [Unas cuartillas]», publicado en *Crisol* el 14 de mayo de 1931 y en *El Sol*, el mismo día, en
que Pérez de Ayala, Marañón y Ortega, autor del texto,
critican la quema de conventos e iglesias que se produjo
a principios de mayo. «Algunos puntos esenciales del
programa de la Agrupación al Servicio de la República»
es reproducido a continuación, manuscrito redactado
entre mayo y junio de 1931, publicado póstumamente,
que refleja el ideario nacido de la Asamblea de representantes provinciales de la Agrupación, que había tenido
lugar en Madrid los días 22 y 23 de mayo de 1931. Del
año siguiente es «Agrupación al Servicio de la República.– Circular», impresa en la Imprenta Tutor de Madrid, que publicamos a continuación. Tras ella, reproducimos el artículo «Sensaciones parlamentarias», que
ve la luz en el periódico *La Nación* de Buenos Aires el 7
de julio del mismo año. «Un manifiesto al país disolviendo la Agrupación», publicado en *Luz* el 29 de octubre, marca el final de su aventura política. Cerramos el
libro con el artículo, reivindicativo del papel del intelectual, «En nombre de la nación, claridad», publicado en
El Sol el 9 de diciembre de 1933.

Los volúmenes de esta «Biblioteca de autor José Ortega
y Gasset» presentan un texto nacido del trabajo filosófico, filológico e historiográfico del equipo del Centro de

Estudios Orteguianos de la Fundación José Ortega y Gasset – Gregorio Marañón. La investigación se ha desarrollado durante más de una década y ha permitido depurar malas lecturas y erratas de ediciones anteriores, al tiempo que se han descubierto numerosos textos desconocidos, algunos de los cuales no se habían vuelto a publicar desde su primera edición y otros eran inéditos; en ambos casos, enriquecen esta «Biblioteca».

Se ofrece al lector el texto según la última versión que el autor publicó. En el caso de la obra editada de forma póstuma, se sigue el manuscrito más próximo a una versión definitiva. El exhaustivo análisis de los testimonios conservados en el archivo del filósofo ha permitido una fijación textual que en numerosos casos difiere de las ediciones anteriores. Se ha respetado esencialmente la puntuación del propio Ortega, aunque se ha revisado en el caso de la obra póstuma. Se conservan los rasgos estilísticos del autor –como por ejemplo su reconocible «rigoroso» frente al más común «riguroso»–, los resaltes expresivos y particularidades morfosintácticas de su uso lingüístico (mayúsculas para remarcar un concepto, concordancias *ad sensum*, leísmos, laísmos), así como las distintas grafías en nombres de personas y lugares.

En la medida de lo posible, se evita la intervención de los editores en el texto, de modo que se mantiene la versión original incluso cuando se ha detectado algún lapsus -generalmente de precisión de una fuente al citar el autor de memoria. No se pretende dar un texto perfeccionado sino aquel que Ortega entregó a las prensas o en el que trabajaba para su publicación si nos referimos a la obra que dejó inédita. Los añadidos de los editores van siempre entre corchetes, así como los títulos que no son originales del filósofo. Las notas al pie de los editores se indican con *.

En la edición de los textos del presente volumen han participado Ignacio Blanco Alfonso e Iván Caja Hernández-Ranera, quienes agradecen el trabajo de investigación y fijación textual previo de sus compañeros Carmen Asenjo Pinilla, José Ramón Carriazo Ruiz, María Isabel Ferreiro Lavedán, Iñaki Gabaráin Gaztelumendi, Patricia Giménez Eguíbar, Felipe González Alcázar, Alejandro de Haro Honrubia, Azucena López Cobo, Juan Padilla Moreno y Javier Zamora Bonilla.

La redención de las provincias y la decencia nacional

La primera parte de este libro recoge una serie de artículos escritos y publicados cuando con más brío dictaba la primera Dictadura. Pesaba sobre España un silencio violento. Por lo mismo, los oídos buscaban en el aire el nutrimento de alguna palabra. Yo quise aprovechar este estado de la atención pública para hacer lo que entonces cabía hacer: deslizar en el calderón dictatorial una voz tenue de pedagogo político. Con o sin Dictadura, había –hay aún– que hacerlo. El español de esta hora, sin exceptuar el más culto –sin más excepciones que las excepciones–, vive de un sistema de ideas políticas demasiado extemporáneas. De los monárquicos no hay que decir; pero de los republicanos hay que decirlo.

    Sobre todo, urge intentar lo que de verdad no se ha intentado nunca: extraer de los hechos españoles, en lo que tienen de más peculiares, su logaritmo político. No se pue-

de vivir de fórmulas pensadas para otras naciones. Nada de lo que es destino personal se puede transferir de un sujeto a otro, y la política es el destino de las grandes personas colectivas que llamamos pueblos.

Yo me proponía, pues, desarrollar en su integridad y orgánicamente la serie de los problemas públicos españoles. Me animaba el interés que, según puede recordarse, despertaron los primeros artículos aparecidos en El Sol *bajo el título «Ideas políticas». Partiendo del punto en que se concreta más la vida política del Estado –las elecciones– y sometiéndolo a un minucioso análisis, pensaba ir agrandando el tema hasta dibujar un sistema completo de nuevas instituciones que diesen a la nación española otra anatomía más conforme acaso con la verdadera y hoy subterránea, a un tiempo más antigua y más futura.*

Pero era preciso caminar pasitamente, insinuarse por entre los barrotes rojos que eran los lápices de los censores. Por eso, insistía en que iba a aislar con el bisturí un solo problema, el electoral –véase página 715–, y sólo poco a poco, declaraba que era ello no más que un primer capítulo –página 717– que se iría ampliando –página 721 y 733-734. En realidad, yo había delineado ya este particular asunto en otra serie de artículos publicada por 1924 bajo el título más estruendoso: «Dislocación y articulación de España».

No era posible plantear formalmente el problema, que entre los estrictamente políticos *es más fundamental en España: el de monarquía o república. Por lo mismo, lo coloqué en primer término fingiendo evitarlo. Quien sepa leer las expresiones un poco jeroglíficas, encontrará, sin embargo, algo muy esencial en el capítulo III: «Demasiados frenos». Pero entiéndase bien: aunque yo crea que el responsable más inmediato de la mala ventura española es la monarquía, he sostenido siempre, y ahora con mayor energía, que el último y decisivo responsable de sus desdichas es el pueblo español. Y es preciso que en ningún caso desvíe de sí mismo esa postrera y radical responsabilidad, contentándose con proyectarla sobre sus instituciones. Habían de ser éstas, y en enorme parte lo son, causa efectiva de sus males, y siempre resultaría que eran los españoles los definitivos culpables por no cambiar de instituciones.*

Las cautelas frente a la censura me obligaban a caminar muy lentamente y manuscribir estos artículos desesperadamente tardígrados, cuya lectura resulta hoy no poco morosa. Pero todo fue vano; cuando comenzaba la parte constructiva del problema inicial –las instituciones locales–, y aunque camuflé la figura de la «región» bajo el nombre de «gran comarca», mi empeño fracasó. El dictador tuvo varios días metido en el bolsillo el capítulo X: «La idea de la gran comarca»; concluyó por fulminar una nota en que declaraba su deseo de verme continuando la serie de estos estudios, pero que juzgaba ese artículo innecesario para el desarrollo de mis ideas. Esta audacia del dictador que le llevaba hasta decidir sobre las ideas aún inexpresas que un escritor tenía en su cabeza, dio a la época aquella su carácter de única en los fastos universales, única por el tamaño de su tragicomicidad.

En mi intención, seguía al problema de la vida local el de las grandes instituciones centrales. Como en alguna de estas páginas se dice, mi solución consiste en llevar al extremo las dos fuerzas antagónicas –la autonomía local y el imperium central–, haciendo que de este modo y automáticamente se regulen y compensen.

Tras esto debía venir el análisis de la vida pública no propiamente política. En esta sección premeditaba entrar a fondo en los problemas tremendos que son para la España de hoy su Ejército, su Iglesia, su industria y su intelectualidad.

Pero no paraba aquí mi ambición. La vida política es concreción de la vida pública in genere, *pero ésta, a su vez, tiene una doble raíz, uno de cuyos nervios se alimenta en la plazuela mientras el otro se hinca en la vida privada. Un estudio medianamente cuidadoso del futuro español necesita plantear toda una serie de cuestiones completamente nuevas y, por su novedad, algo escandalosas, que se refieren a la intimidad del hombre medio. De esas cuestiones, la menos entrevista hasta ahora y, a mi juicio, de mayor gravedad, afecta a la mujer española.*

Se comienza este libro haciendo constar que el tipo medio de español al uso no hace posible la construcción de un pueblo bien dotado para luchar en el tiempo que viene. Es, pues, forzoso reformar el modo de ser de ese español. Mas largos años de observación y reflexión sobre nuestra existencia peninsular me han convencido de que no pocas insuficiencias del temple español proceden en última instancia, no del hombre, sino de la mujer. Ahora bien, esto es un tema radicalmente nuevo sobre el cual me creo obligado a llamar la atención de mis compatriotas.

Tal era el programa –que fue interrumpido en su primer paso.

Al ausentarse la Dictadura procuré completar la obra iniciada, pero pronto advertí que era imposible. El tempo lento *en que estaba compuesta la porción lograda no podía ser mantenido en el resto, so pena de llegar a las mil páginas. Era preferible dejar solitario el muñón y comenzar de nuevo la obra en estilo más sobrio, de más simple arquitectura. Veremos si me es posible concluir un nuevo libro:* La reorganización de España.

Ahora doy al público este estudio micrográfico, que acaso sea de alguna utilidad en el tiempo más próximo.

La redención de las provincias

I

HACIA LA GRAN REFORMA

Cualquiera que sea la actitud individual frente a esta o la otra situación de gobierno, nadie debe desconocer que España, desde hace quince años, va entrando en un tiempo magnífico. Y no es que acontezcan maravillas en el área peninsular; pero yo creo que es siempre magnífico y solemne para un pueblo el momento en que llega a un recodo de su historia y, *velis nolis*, tiene que resolverse a seguir nueva ruta, a mudarse de arriba abajo, dislocando su viejo cuerpo para articularlo según otra arquitectura; cuando llega, en suma, la fecha de la gran reforma. Digo que sazón tal es magnífica y solemne, porque sólo en ella se dan las condiciones para un renacimiento. No es seguro, ni mucho menos, que éste se logre; pero es el momento en que cabe intentarlo, aspirar a él. La gran reforma equivale casi a la inauguración de un pueblo. De lo que era España en estos últimos dos siglos no se podía seriamente esperar mucho. Toda su organización parecía premeditada en vista de un horizonte irremediablemente angosto. Pero ahora no tenemos por qué reducir nuestra perspectiva. El retuso horizonte debe ser recogido como una sórdida cortina, para que las miradas españolas se enfrenten con los grandes espacios libres. Podemos planear una vida nacional de gran formato, sin que esto implique megalomanía. Porque no se trata de suponer que somos grandes, sino todo lo contrario: de reconocer que somos canijos y que, por lo mismo, estamos obligados a aumentar. Lo importante es que demos a los nuevos cimientos anchura y profundidad tales que no excluyan para el futuro, si la fortuna es favorable, las grandes construcciones.

El proceso de la gran reforma va ciertamente muy despacio. Hasta ahora sólo hemos presenciado estadios negativos. Hemos visto cómo iban cayendo los muros caducos. Recuerdo haber escrito en 1917 un artículo titulado «Bajo el arco en ruina». En diez años apenas si queda curva alguna del arco; pero aún seguimos bajo su imaginaria comba. No debe, sin embargo, desanimarnos excesivamente pareja lentitud. Cada pueblo tiene su *tempo* vital, su andadura. España, que hasta los Reyes Católicos marchó, a mi juicio, demasiado deprisa, se convirtió desde entonces en un tardígrado de la Historia. Esperemos que ahora aligere un poco, con menos lastre en el lomo.

La cuestión está en que exista un número suficiente de españoles con la decidida voluntad de ejecutar la gran reforma. El que ha pensado poco sobre el asunto cree de buena fe que no es difícil encontrar ese montón de españoles. Mas la verdad es muy otra. Abundan, superabundan las gentes dispuestas a entender y aceptar las pequeñas reformas; pero ¿la grande?... Y acaece que las pequeñas reformas en un pueblo que ha llegado a la situación del nuestro no sirven absolutamente para nada. Al contrario, son dañinas, porque distraen de la otra y porque, al resultar vanas, desacreditan la idea misma de reformar, propagan la impresión de que todo es inútil y que no hay manera de mejorar los destinos de una raza mediante la intervención del albedrío y de la inteligencia.

El verdadero pecado de los políticos, el único que hablando en serio hay que imputarles, es no haber querido la reforma. Todos veían que era necesaria; pero, salvo Maura, ninguno la quiso. Formaron un bloque contra ella; taponaron la historia de España. Al decir esto no olvido injustamente el hecho de que ningún grupo nacional (por lo menos, ningún grupo desinteresado y con posición clara) exigía esa reforma y luchaba por ella. Pero esto no exime a los políticos de aquella responsabilidad porque ellos sí veían con toda evidencia que la reforma era necesaria, que ni el país ni el Estado marchaban correctamente. Más de una vez he expresado mi convicción de que los políticos del antiguo Parlamento eran superiores al tipo medio del ciudadano español –más inteligentes, más honrados, más generosos. Por lo mismo, su responsabilidad es enorme.

Lo que les faltó de honradez y generosidad, o, por lo visto, de inteligencia, les indujo a eludir la reforma, aprovechándose de que el resto de la nación no percibía su urgencia. Quisieron seguir a gusto en el machito, a sabiendas de que el machito no podía durar. Por tanto, no tienen perdón de Dios. (Tampoco vale la excusa, que se suele oír, según la cual, si un partido hubiese querido la reforma, la deslealtad de los otros, dispuestos a asumir el Poder ante la primera dificultad sobrevenida al reformador, habría anulado el propósito. Esto no prueba sino que el pecado fue colectivo, de todo el gremio político. Les faltó, como tal gremio, instinto de conservación, y la responsabilidad se derramó sobre su conjunto, arrastrando a muchos que personalmente no eran culpables).

Claro es que del pecado del antiguo político no puede alimentarse la virtud de nadie. Nadie puede hacer consistir su buena razón en que otro no la tenía. Hace falta más, mucho más. Es preciso demostrar que se entiende y se quiere la gran reforma nacional. Todo lo demás –como dice un personaje de Baroja– es carrocería.

Por eso dudo que pueda hacerse en la hora presente nada más patriótico que evitar la dispersión de la conciencia pública sobre las mil cuestiones secundarias que constantemente atosigan la existencia de cualquier nación. Hay que retraer la atención pública, concentrarla sobre lo esencial, sobre la gran reforma.

¡Bien! Pero ¿qué género de reforma española sería la que puede merecer el título de grande?

II

¿REFORMA DEL ESTADO O REFORMA
DE LA SOCIEDAD?

¿Qué género de reforma merecería el título de grande?

Una de las averiguaciones más añejas de la ciencia occidental –allá en Grecia, hacia el siglo IV antes de Cristo– es que no existen tamaños absolutos. Así, en seco, nada es grande, nada es pequeño. Lo ingente y lo menudo son calificaciones relativas. Dependen de la unidad de medida que apliquemos.

La reforma que es grande para un país puede ser minúscula para otro. Esta diferente evaluación que a una misma reforma atribuiríamos en dos naciones distintas no sería, sin embargo, caprichosa. Una misma y única

razón nos llevará a llamar aquí pequeño lo que allí llamamos grande. En ambos casos medimos el tamaño de la
reforma con la misma unidad de medida. ¿Cuál? Muy
sencillo: la cantidad de cosas que en cada país necesiten ser
reformadas. Donde casi todo está bien, una pequeña modificación será de gran importancia. Donde casi todo está
mal, esa misma modificación resultará imperceptible.

La reforma que hacemos debe medirse por la que hay
que hacer. No depende, pues, de nuestro capricho, del
azar de nuestros entusiasmos, llamarla o no grande. La
realidad nacional se encarga automática y exactamente
de calibrarla. Acontece como en cirugía: el cuerpo enfermo determina hasta qué profundidades de la carne tiene
que penetrar el bisturí.

A mi juicio, aquí está la cuestión decisiva de que depende el porvenir de España: ¿hasta qué hondura de es-
tratos en la realidad nacional tiene que calar la reforma?
Si acertamos y coincidimos en esta dimensión de profundidad, todo lo esencial se habrá ganado. Quiero decir que es *en cierto modo* secundario que se acierte o no
en la calidad de la reforma, en la dirección que se le dé,
con tal que ella aspire inequívocamente a atacar el mal
en el estrato donde se engendra, por muy profundo que
sea. Viceversa, por muy certeras que parezcan o sean
unas reformas, si se mantienen en áreas superficiales, no
se habrá dado un solo paso hacia la mejora de nuestra
figura colectiva.

Ahora bien: concretándonos al caso de España, ¿existe
alguna línea clara que permita separar lo superficial de

lo profundo? Yo creo que existe y que es clarísima. Si tomamos en vilo todos los defectos de nuestra nación, por tanto, todo lo que es preciso corregir o reformar, vemos muy pronto que pueden repartirse en dos clases. De un lado están los defectos del Estado español –de las instituciones y su modo efectivo de funcionar–; de otro lado están los defectos de la vida española, los defectos típicos del individuo español y de sus formas de convivencia en la aldea, en la provincia, en la capital. Si queremos simplificar la terminología, hablaremos de defectos del Estado y defectos de la sociedad.

Una nación donde el Estado, el sistema de las instituciones, fuese perfecto, pero en que la sociedad careciese de empuje, de claridad mental, de decencia, marcharía malamente. En cambio, una nación cuyo Estado fuese sobremanera defectuoso, pero donde las gentes tuviesen mente clara, energía, fuerte apetito de vivir, espíritu emprendedor, saber técnico, etcétera, etcétera, se mantendría siempre a flote. Todo el que se haya sumido algún tiempo en lecturas históricas recibe la impresión de no haber jamás existido un Estado que como tal Estado funcionase bien. En todos los ángulos de la cronología humana se oyen quejas contra las instituciones vigentes, contra la política al uso, contra los gobernantes. Y aun restando a esta quejumbre la porción correspondiente a la delicia de lamentarse, innata en el hombre, queda siempre un reboso de razón para la queja. A esta impresión acompaña la inversa: que en las grandes épocas de un pueblo lo formidable es siempre la vitalidad del cuerpo social, la cantidad de individuos capaces, el hervor genial de una raza bajo la costra de su Estado imperfecto.

Quiere decir esto que, en la realidad histórica, el Estado y cuanto a él se refiere representa un estrato superficial en comparación con lo que pasa en los senos de la sociedad. De lo que sea el hombre medio de un país, del tipo de existencia que lleve, depende el nivel histórico y, en definitiva, político de ese país.

El caso de España ofrece en este punto una evidencia ejemplar. Porque aún cabría explicar tal o cual caída momentánea de una raza por la excesiva imperfección de su Estado; pero tan largo destino de mengua como el que pesa centenariamente sobre España, a todas luces declara que el mal no es de superficie y de instituciones, sino de las raíces subterráneas, subestatales, del cuerpo social, y no del mero perfil que es su Estado.

Con criminosa insistencia se ha procurado siempre halagar al español medio señalando a su odio este o el otro gobernante, esta o la otra institución, como agentes de su malestar. Por mi parte, me considero exento de éste que juzgo el mayor crimen contra la patria, por ser el que más eficazmente impide su restauración. A sabiendas del riesgo inminente –enojo, impopularidad, quedar al margen de la vida normal– he aullado siempre a mis compatriotas diciéndoles que de las desdichas de España tenemos la culpa, directa y exclusivamente, los españoles. Claro es que me refiero a aquella parte de las malaventuras que no proceden de la fortuna caprichosa o de factores cósmicos –clima, tierra, desviación de los grandes centros y rutas históricos (la geografía de la historia moderna ha sido desfavorable a nuestra Península, dejándola fuera de la comunicación y tránsito).

Toda la buena voluntad que en ello pongo no consigue desarmar la fuerza de convicción que ejerce sobre mí este pensamiento: mientras el tipo medio de español y sus modos de vida sigan siendo los mismos, no es lícito esperar que el destino de España varíe. Quien quiera variar los efectos tiene que modificar las causas. Otra cosa fuera magia. Y tener fe en la magia es, intelectualmente, una indecencia.

No se diga que plantear las cosas así equivale a hacer imposible una sólida restauración de España, porque el español, como cada una de las otras razas, tiene su esencia inmutable. Aquí no se trata de la esencia antropológica del español, de su misterio étnico. En ese sentido nadie puede con certidumbre hablar del español, ni del francés, ni del teutón: es un arcano indescifrable. De modo que tan arbitrario es decir que el español será siempre lo que concretamente es hoy, como negar que pueda ser aún más español adoptando otra actitud ante la vida. La experiencia histórica muestra con superabundancia que los pueblos son realidades plásticas, capaces de muchas transformaciones. Nadie hubiera creído en tiempo de Shakespeare que dos siglos más tarde el inglés iba a ser el prototipo de la buena educación. (Cuando en *El cortesano* busca Castiglione un modelo de buenas maneras, vacila entre el tipo francés y el tipo español, pero ni se le ocurre pensar en el anglosajón).

Por consiguiente, los que quieran otra España mejor tienen que resolverse a modificar el repertorio de la vida española, y juzgarán superficial toda reforma que no vaya orientada por tal propósito.

Precisamente para esto sirven las instituciones cuando no se las busca por ellas mismas, esperándolo todo de su perfección abstracta, sino que se las forja desde luego como instrumentos capaces de transformar los usos de la vida colectiva y el carácter mismo del ciudadano medio.

La mejor institución será la que más se parezca a un aparato ortopédico que, apoyándose en la realidad defectuosa, produzca automáticamente, sin vana violencia exterior, la rectificación del hueso desviado. Este símil me parece adecuado en todas sus partes. Porque, en efecto, sólo podemos hoy contar con lo que España es; por tanto, con sus defectos. El problema no es otro que aprovechar el punto de ataque y sustentación ofrecido por esos defectos para que se corrijan a sí mismos. Esto requiere una solución ingeniosa, del mismo género que la que lleva a la invención de un aparato ortopédico.

Resumiendo:

Primero. La gran reforma española, la única eficiente será la que, al reformar el Estado, se proponga no tanto acicalar a éste como reformar, merced a él, los usos y el carácter de la vida española.

Segundo. La reforma de la vida española no se puede lograr si no es partiendo de los vicios y defectos nacionales, contando con ellos, aprovechándolos. Lo demás es utopía. El rasgo distintivo del arbitrismo consiste en ol-

vidar la existencia del vicio mismo que el arbitrio pretende corregir.

Desde hace un par de siglos, el cuerpo español está co-
locado en determinada postura. Es evidente que, si se
quiere variar los resultados, será ineludible colocarlo en
una postura distinta. Verán ustedes cómo esto es lo que
muy pocos quieren, a lo que casi nadie se atreve –¡la
gran reforma!

III

DEMASIADOS FRENOS

Decía en un artículo anterior que España camina despacio, muy despacio, demasiado despacio, hacia la transformación de su figura histórica. La movilización comienza en 1900. La verdad es que en veintisiete años se podía, se debía haber hecho mucho más. Sin embargo, se ha conseguido algo. Para que un cuerpo se transforme es preciso que primero se ablande. En la blandura manifiesta un sólido desamor a la forma que tenía y su disposición para recibir otra. ¡Bien por esta España blanda que ahora tenemos delante! En el ser vivo, la blandura es síntoma de plasticidad, de aptitud para nuevas conformaciones; por tanto, para una nueva vida. La rigidez, en cambio, es el atributo de los cadáveres. El aficionado a la Historia percibe el cariz de los pueblos moribundos en su endurecimiento progresivo. Se aferran a sus aristas tradicionales. Gran ejemplo, Bizancio: un petrefacto.

Yo no comprendo que las gentes perspicaces de nuestro país no sientan entusiasmo por la situación en que desde hace un cuarto de siglo ha entrado España. Un artista en pueblos se relamería de gusto si le colocasen delante de una materia tan en punto. Porque a un artista en pueblos no le interesa una nación ya hecha, perfecta, magnífica, gloriosa. ¿Qué podría hacer con ella? Lo que desea es una buena pasta humana, fermentada, blanda bajo la mano constructora, bajo los dedos inspirados que emanan formas.

Uno de los signos de la fértil blandura a que se ha llegado es que, por fin, toda España empieza a sentir la necesidad de la reforma. Hace quince años todavía eran muy pocos. Hace treinta, casi nadie. ¿Existe hoy algún grupo nacional que no perciba la inevitabilidad de un cambio importante?

Lo que aún nos separa radicalmente a unos y otros es el sentido en que ha de hacerse la reforma. Y no me refiero a la divergencia anticuada de derechas e izquierdas, de liberales y reaccionarios. Estos antagonismos, supervivientes de otra edad, son, en lo que tienen de respetable, querellas de superficie. La diferencia radical está en creer unos que lo que hay que reformar es el Estado español, y creer otros que con esa reforma no se lograría nada apreciable si la reforma del Estado no se hace con la mira principal y resuelta de reformar el cuerpo de la sociedad española, de la vida nacional en todos sus órdenes.

Pronto se va a ver que esta discrepancia taja verticalmente la obra de derechas e izquierdas. Entre los reformadores del Estado habrá reaccionarios y liberales, como entre los reformadores de la nación se encontrarán tradicionalistas y futuristas. Lo que parece indudable es que los partidarios de la reforma grande, que es la nacional, y no sólo la jurídica, somos todavía pocos.

Aunque dejemos a un lado las gentes que al pensar en una modificación de las instituciones van orientadas exclusivamente por su interés, por las ventajas o estorbos que esos nuevos poderes traigan para ellas, queda todavía una gran masa de personas desinteresadas que tiemblan ante toda reforma profunda. ¿Por qué? Porque, a pesar de su buena voluntad, sigue actuando en ella el vicio inveterado que ha detenido siempre la historia de España: el terror a lo nuevo. Así como en otras razas lo nuevo, simplemente por serlo, suscita entusiasmo, a veces hasta el prurito y la frivolidad, entre nosotros provoca automáticamente desconfianza.

Si ante los ojos de personas tales –a veces excelentes y de noble intención– se delinea el esquema de una gran reforma, la imagen que ven, por fuerza muy distinta de la tradicional, las aterra. Las aterra porque de aquella institución proyectada ven sólo los peligros.

Con semejante propensión no se puede intentar nada. El español es el hombre más cauteloso que existe –en lo político como en lo privado. Por eso es el que en los últimos tiempos ha emprendido menos cosas. Más de una vez he hecho notar que lo característico de nuestra nación no es que en ella fracasen más cosas que en las demás, sino que se emprenden muchas menos –menos inventos, menos negocios, menos campañas políticas, menos formas de arte, menos ideas, menos amores, menos diversiones. Si se pudiera sacar el tanto por ciento de las empresas fallidas en Inglaterra o en Francia, se vería que es una cifra fabulosamente mayor que en España.

Un estado de espíritu correcto se hace cargo de que todo en el mundo ofrece sus peligros anejos. Es forzoso, pues, descontar que toda reforma es peligrosa, y el que lo sea no justifica la renuncia a ella. Entre otras razones, porque es mucho más peligroso no reformar cuando a todas luces parece necesario. La cuestión está en sopesar peligros y beneficios, como hace el hombre discreto y activo en su existencia cotidiana.

Por desgracia, en nuestro país el principio de evitar los peligros ha imperado desde hace muchas generaciones. Y acaece que en ninguna otra nación podría producir efectos tan nocivos.

La razón es ésta: la vida saludable de un pueblo supone que su enorme cuerpo posea a la vez estabilidad y movilidad. Si una raza es demasiado inquieta, se pulveriza. Pero si es demasiado estadiza, se anquilosa. Algunos pueblos centro y sudamericanos son ejemplo de lo primero. España es el modelo de lo segundo. Tiene que haber en el volumen nacional un buen sistema de equilibrio; pero, se entiende, de equilibrio en el movimiento.

Se puede pecar también de exceso de quietud. Entonces queda frenada la vida pública; es decir, se para.

Por esta razón no se puede acertar en política si no se conoce bien la psicología de la raza sobre que se actúa. ¿Se trata de un pueblo superinquieto o de un pueblo cuyas almas tienden por sí a la inercia, a la estabilización? Uno y otro necesitarán, sólo por esta diferencia, instituciones distintas.

Porque cada tipo de institución lleva en sí, cualquiera que sea la nación a que se aplique, una tendencia hacia la inquietud o hacia el refrenamiento. Así, la República es por sí misma una institución inquieta. La Monarquía, por el contrario, es una institución-freno. Hablo ahora en puro teorema y por vía de ejemplo. Pero es evidente que si sobre una raza propensa superlativamente a la inercia acumulamos instituciones frenadoras, habremos cometido la mayor equivocación. Lo discreto es compensar el exceso de quietud innato introduciendo algunas instituciones de tipo incitador.

Con lo dicho no pretendo dirimir el complicado problema República-Monarquía. La decisión en pro de una y otra forma gubernamental depende de muchos factores, además del que ahora apunto. Lo importante es que en el sistema completo de instituciones se obtenga una acertada ecuación entre los frenos y los impulsos.

Porque no puede dudarse que –al menos, dentro de Europa– no existe ningún pueblo cuyas almas vengan a la existencia más cargadas de frenos que el nuestro.

...No ya en la vida pública, sino en lo privado. El español produce la impresión de un hombre entablillado. Basta brincar al otro lado de la frontera y ver cómo allí cada individuo, hombre o mujer, va resuelto, audaz, enardecido, a lo que su alma o su cuerpo le piden –sea placer, sea creación, sea creencia, sea ambición. Tan evidente es la diferencia, que el francés, o el italiano, o el sajón, nos parecen impudorosos, «desenfrenados». Solemos decir que «no tienen temor al ridículo». ¿Se ha pensado sobre lo que significa la hiperestesia para el ridículo del buen compatriota nuestro? Es que está siempre sobre sí, que no se abandona, que lleva empuñado el freno y reprime la expansión de su ser íntimo.

En el área política, la cosa es aún más clara. España es un pueblo morbosamente inerte en vida pública. *Es el único europeo que no ha hecho nunca una auténtica revolución*. Permítaseme no involucrar en este momento lo que yo piense, en general, sobre las revoluciones. No lo podría decir con alguna precisión en pocas palabras. (Véase mi ensayo «El ocaso de las revoluciones», en el libro *El tema de nuestro tiempo*). Sólo diré, para no perturbar el sentido de lo que ahora me importa, que no tengo simpatía ninguna por ellas. Pero sería una tontería negar que toda raza normal llega a cierta época de su historia en que hace su revolución. La revolución es el síntoma de la gran capacidad de inquietud. Yo no quiero –y menos a destiempo, es decir, en el siglo xx– una revolución para España. Dejémonos de revolucioncitas. Mas, al propio tiempo, notemos con toda claridad el signifi-

cado grave de su ausencia en el pretérito. Un país sin revoluciones es un pueblo que lleva en su interior demasiados frenos.

Lo más tragicómico de nuestro pasado es que se han
forjado siempre las Constituciones con la idea fija de
evitar la revolución en España. ¡Frenos, más frenos! –al
paralítico.

IV

LA CONQUISTA DEL NIVEL

El tono en que suena la política –lo mismo en el metal de los gobernantes que en los *violoncellos* de la oposición– hace pensar que las personas directoras de la vida española –repito: lo mismo Gobierno que oposición– no tienen conciencia clara de la magnífica coyuntura ofrecida a su actividad por el Destino. Unos y otros aspiran sólo a arreglar la situación presente, y aunque el arreglo a que aspiran sea muy distinto, según los unos y según los otros, ambos coinciden en contentarse con un arreglo. De este modo, la solución que España espera, aunque logre ser correcta, será irremediablemente triste. Triste es toda solución que se limita a cancelar un pasado sin planear en forma positiva y no vaga un porvenir. La alegría es la emoción matinal por excelencia. Un pueblo sólo puede sentirse alegre si se le sugiere la impresión de que está viviendo una mañana, la juventud de un día, la iniciación de una época, la partida para una hazaña.

Yo no veo por parte ninguna destellos siquiera de una amplia visión futurista, de un gran proyecto nacional capaz de movilizarnos a los españoles. Seguimos en lo de siempre: se disputa sobre formas del Estado, como tal y sin más; pero no se nos insinúa qué vamos a hacer con ese Estado, qué gran tarea histórica –grande relativamente a nuestras posibilidades– debemos emprender. Han sido nombrados unos *decemviri legibus scribundis* para que redacten un proyecto de Constitución. Estoy convencido de la buena fe con que trabajan y urden su jurídico tapiz. Pero la buena fe no basta para hacer una buena Constitución. Es menester, además, tener fe en algún destino nacional. El Estado, a fuer de instrumento, sólo es bueno cuando es bueno para una finalidad determinada, cuando anticipa y prepara cierto tipo de vida histórica. Ahora bien: no hay vida histórica cuando no existe una empresa colectiva propuesta a la masa ciudadana que oriente y organice su pululación multitudinaria.

Por esta razón insisto en que no tiene sentido elucubrar una reforma del Estado que no vaya inspirada y nutrida por el afán de reformar la sociedad. (Alguien ha malentendido esta reforma de la sociedad como una reforma de las costumbres –¿Que la gente se acueste temprano?

¿Que no lea después de comer? ¿Que no practique el adulterio?). Hablando en serio, hacer una Constitución para España es, y debe ser, preformar todo el futuro de España. Si no es esto, no es nada.

Buena parte de las dificultades sobrevenidas en los últimos veinte años proceden de la desmoralización en que por fuerza ha caído el pueblo español desde hace muchas generaciones. Es la desmoralización de quien no tiene nada que hacer. En la vida privada necesitamos una tarea que nos la organice. En la convivencia pública, lo mismo; sólo que en ella la tarea tiene a su vez que ser pública.

Todo esto parece mero vocabulario. Y es el caso que enuncia un hecho sencillo y evidente, que salta a la vista en cuanto pasamos las fronteras. No se trata de nada vago y utópico. La inmensa mayoría de los franceses vive preocupada, no sólo de sus afanes privados y cotidianos, sino que en una porción de su espíritu existe la conciencia de lo que Francia, como entidad colectiva, tiene que hacer, de la gran tarea francesa. En la hora presente, esta tarea es muy problemática, muy dolorosa; el destino francés es oscuro. Pero la enorme muchedumbre de franceses vive concentrada en esa preocupación, y sus diferentes grupos se diferencian precisamente en la manera de interpretar ese destino histórico de Francia. Lo que parece ilusorio es querer que un pueblo viva colectivamente sin un tema o proyecto de empresa histórica.

Cuando éste falta, no puede ir bien nada, ni siquiera la máquina del Estado como tal; es decir, gobernación y política. Por mil razones; pero, ante todo, por una muy sencilla. Una política que no contiene un proyecto de grandes realizaciones históricas queda reducida a la cuestión formal de gobernar en el sentido menor del vocablo, a la cuestión de ejercer el Poder público. No se trata de hacer obra con él, sino, simplemente, de complacerse en ejercerlo. Esto elimina automáticamente de la política a todos los hombres de calidad superior. No se le dé vueltas: de calidad superior sólo es el hombre que se siente irresistiblemente atraído por la delicia de creaciones objetivas. No le divierte más que eso. Va a la ciencia porque siente una voluptuosidad indecible en pensar sobre tal o cual problema teórico y hallar su solución. Va a las letras o a la industria por una necesidad ineludible de crear, de producir, de hacer cosas que se tengan en pie. El hombre inferior no siente esta inexorable atracción hacia lo objetivo, sino que piensa sólo en su persona. Si va a la ciencia, a la industria, no es a crear por crear, sino a fingir la creación para figurar él. Pues bien: una política sin tarea de creación histórica elimina a todo el que no sea puramente un ambicioso. La ambición por excelencia es la del poder. Quiere poder, no quiere hacer. Siempre en la política predominarán los ambiciosos; y cuando ha sido siempre así, alguna razón habrá. Pero lo importante es que la política atraiga también a gentes que no son ambiciosas o que no lo son exclusivamente. La fecundidad de aquélla depende de la porción de hombres creadores que sepa enrolar en su servicio.

El alejamiento de la política en que viven muchos españoles óptimos no tiene otro origen que la inanidad de los programas. Sólo se les puede atraer si se les propone una tarea de efectiva creación. Otra cosa no los divierte.

Es bochornoso que durante tanto tiempo haya sido imposible en España reclamar para la acción política una perspectiva histórica. La generación que ha gobernado en los últimos decenios carecía por completo de órgano para percibir esta verdad tan obvia, y, como siempre que no se entiende una cosa, consideraba a quien la enunciase como un lunático. No creo que hoy las clases directoras vean las cosas más claramente que ayer. Aún es preciso perder tiempo en razonar tan sencillo pensamiento. Sin embargo, la reflexión que no han puesto las personas han venido a proporcionarla brutalmente los hechos. La crisis interior de España y la exterior del mundo europeo nos imponen la necesidad de movilizarnos, de emprender ruta nueva. Y no se puede echar a andar sin levantar los ojos y elegir en el espacio una orientación que dé a nuestros pasos trayectoria. Esta experiencia íntima que los hechos han decantado en todo ciudadano medianamente despierto, le dispone a no considerar tan ridícula esta exigencia de un proyecto de vida histórica, como condición de toda reforma política.

Ni hay que echar un pregón para que se encuentre ese proyecto de vida histórica. Basta con volver la vista a la realidad nacional y enfrentarla con la situación del mundo. Nadie es tan ciego que no vea por todas partes la germinación de grandes cambios. En nuestro ámbito europeo, por razones internas y por la presión de otros continentes, se está dislocando el sistema de fuerzas nacionales y aun el tipo mismo de vida que tradicionalmente dominaba. Una nueva organización de las naciones y un nuevo tipo de hombre medio se preparan dondequiera. La batalla, que, cruenta o sin sangre –guerra o concurrencia–, constituye la Historia, se sitúa en un nivel de existencia más alto que el del siglo último.

El lector podrá pensar lo que quiera sobre cuál sea el sentido de esa lucha y quién el probable triunfante –el lector puede ser «derechista» o «izquierdista». Mas, cualquiera que sea su mano, reconocerá que el combate se va a dar en una altura determinada de técnicas, de dotes, de potencialidades. En toda contienda, el ejército mejor dotado marca el nivel sobre el cual se va a pelear. Quien no posea esas dotes medias está, de antemano, excluido del certamen. En la conciencia pública europea existe ya muy clara la sospecha de que el tipo medio del europeo actual se halla un poco por debajo de aquel nivel. La impresión de haber dejado de ser el marcador del nivel mundial es el hecho más importante y grave del alma europea en nuestros días.

Yo no puedo creer que quien perciba ese inquietísimo panorama y vuelva luego los ojos a nuestra nación y se ponga bien delante el español medio, el buen labriego tosco, indotado, lleno de prejuicios arcaicos, sin movilidad, sin técnicas contemporáneas, sin espíritu emprendedor, etcétera, etcétera, no quede aterrado. La distancia entre el tipo de hombre que va a dar la medida media del concurso o lucha histórica y el tipo de hombre español es tal, que automáticamente se incorpora en el espíritu esta enérgica convicción: España tiene que conquistar el nivel medio de la vida humana en la fecha que vivimos. Y ser de la derecha o ser de la izquierda no puede servir de pretexto para desconocer la urgencia de esa tarea, primer capítulo, postulado de nuestro porvenir histórico.

Una Constitución que, muy positiva y deliberadamente, no contribuya por su propio mecanismo a la conquista de ese nivel, es decir, a la creación de un tipo de español medio, menos anacrónico, más de 1928, ¿puede servirnos de algo?

V

PRIMERO, LAS PROVINCIAS

Cuando he dicho que la política ha de tener una perspectiva histórica, no he dicho, claro está, lo que quería decir y lo que esas palabras significan. No sabe uno nunca cuándo ha dicho, en efecto, lo que pretendía decir. Porque decir es aspirar a ser entendido, y esto ya no depende sólo de uno, sino también del prójimo.

Las frases pueden ser entendidas de dos maneras: de una manera vaga, lacia, boba, y entonces todas las frases no dicen más que tonterías, o bien de una manera apretada, rigorosa, y entonces rezuman siempre un sentido interesante.

Que la política haya de tener una perspectiva histórica es entendido por algunos lectores de esta suerte: hagamos una política, y luego añadámosle una orla o nimbo, más o menos retóricos de exaltación patriótica; hablemos vagamente de los destinos de España, de que «es preciso hacer patria», de los deberes ciudadanos, de la cultura, de *idealismo* público, etcétera, etcétera. Entendida así, es aquella frase una exquisita necedad. Aquí se trata precisamente de esquivar todo «idealismo», así individual como colectivo. Por dos grandes razones: la primera es que, probablemente, cuanto se ha llamado «idealismo» era una forma falsa, hipócrita, cuando menos manca, de la espiritualidad; la segunda es que, si no fuera verdad esa primera razón y hubiésemos de reconocer en el idealismo una magnífica virtud, estaríamos más obligados que nunca a eliminarla de nuestra cuenta. Porque no podemos exigir al prójimo que sea virtuoso; sólo podemos exigirle que no sea vicioso. Y esto, que es cierto en los demás órdenes de la vida, lo es mucho más en la política. Fuera cómico que cuando se trata de hacer mejores a los españoles comenzásemos por exigirles que lo fueran y encabezásemos la Constitución como se hizo en uno de los proyectos empollados por los convencionales: «Artículo primero. Todos los franceses serán felices». La política es el arte de conseguir sin violencia lo que nos es rehusado. Si desde luego nos otorgan lo que deseamos, huelga la política. Ésta deberá partir, en nuestro caso, del siguiente supuesto: la mayoría de los españoles no tiene empeño alguno en mejorar de substancia. Sólo lo que se funde en este supuesto tendrá garantías de solidez.

La perspectiva histórica que aquí se exige a toda política ha de estar dentro de ella y no fuera: no en torno, en un vano discurseo de los gobernantes. La mejor política sería la muda, hecha de puros actos jurídicos; mas ya que esto es utópico y, por tanto, falso, la que se limitase a explicar el sentido profundo de sus leyes y decisiones. Si éstas eran lo que debían ser, su estricto comentario dejaría ungido y aun saturado el ambiente público de auténtica «idealidad». ¿Se quiere que la política sea algo más que leyes? Bien; pues que sea, además, lo que tan deliciosamente llamó Montesquieu «el *esprit* de las leyes».

Completemos la frase del artículo anterior, y digamos: la política ha de tener una perspectiva histórica; pero esta perspectiva histórica ha de consistir en una política –ha de ser una concreta tarea histórica, no una vaga resonancia de vagos fervores nacionales, de píos deseos o de ilusorias ambiciones. No hay que imitar a quien anuncie un nuevo Imperio romano. Los imperios no se anuncian como se anuncian las funciones de circo. No se parte para la guerra de los treinta años.

Lo que debemos proponernos es una faena a un tiempo severa y alegre, en la forma menos pedante que esté a nuestra mano. Concentrémonos en una gran tarea histórica, cuya primera e imprescindible estación es conquistar para España el nivel de los tiempos. Hay que remozar a España. Totalmente. En todos sentidos. Hay que hacer caminitos relucientes por todas las glebas, hay que hacer que se afeiten los curas y que los radicales de pueblo digan menos palabras inanes; hay que hacer innumerables cosas más. Hay que ir a la reforma de España. Pero España no es el Ministerio de la Gobernación, ni el Parlamento, ni la Dictadura, ni la Constitución. España es esos millones de labriegos con la mano en la mancera; es esas villas polvorientas y esas opacas capitales de provincia; es todo ese fondo nacional que, entretenidos en mirar la superficie, solemos olvidar.

Un pueblo es y vale en la Historia lo que sea y valga el tipo medio de sus hombres. La experiencia de muchas generaciones ha demostrado que el tipo medio del español usual no sirve para hacer historia, sino más bien para deshacerla. Por otra parte, la coyuntura del presente anuncia presiones enormes sobre nuestra raza y nación, de otras razas y otras naciones. El mundo está de gran mudanza. Si no hacemos nosotros historia, nos la harán los demás –como viene ocurriendo desde dos siglos atrás. Por lo tanto, es de toda urgencia comenzar la renovación del tipo medio español. Al decir que no sirve, no pienso, claro está, que no posea algunas calidades egregias. Existen en el alma española ciertos pudores, ciertos resortes últimos de energía, que no se encuentran en ningún otro pueblo. Tan reales son estas virtudes, que han conseguido mantener en pie a España, a pesar de todos sus otros ingentes defectos e incapacidades. Mas, por lo mismo que poseemos esas virtudes, no es urgente hablar de ellas; lo que apremia es apercibir las que nos faltan, completar el equipo de aptitudes, elevar el español medio hasta el nivel de los tiempos.

Sobre esto hay que condensar la atención y el esfuerzo. Pero es evidente que para lograr tal propósito será menester emplear todos los grandes utensilios: el apostolado, la pedagogía, la literatura, el amor. (La mujer tiene que colaborar, no administrando el voto electoral, sino con la certera administración de sus sonrisas. Si se logra que la mujer prefiera otro tipo mejor de español, está medio ganada la partida). Como la tarea es gigante, todas las colaboraciones, todos los métodos, serán poco. Por ejemplo: es indudable que para mejorar el tipo medio tiene que existir una minoría excelente, superior, que con su ejemplaridad contamine y atraiga hacia lo alto la masa menos dotada. Mis lectores habituales no pensarán que olvido entre los ingredientes de una reconstitución nacional la acción de una minoría selecta. La fórmula que daba de ésta en mi *España invertebrada* ha corrido ya todo el mundo. (No es nada, lector: la válvula de la vanidad que se ha abierto un momento). Sin embargo, yo no voy a hablar ahora de ella, ni de ninguna de las otras cosas que en la cabeza de este párrafo se enumeran. Las he denominado para que nadie presuma que las olvido; pero mi tema es mucho más concreto y taxativo. Es éste: «¿qué se puede hacer para elevar el tipo medio español con el utensilio Estado, con el aparato política?».

Para mí, la misión substancial que hoy tienen política y Estado en España es ésta: contribuir con su formidable maquinaria a crear un español más activo, más capaz, más despierto. Todo lo demás, respetando opiniones dispares, me parece adjetivo, sin interés primario y conversación de Puerta de Tierra. En cambio, reconocida aquella misión, todo se nos dará por añadidura: más autoridad, más libertad, más jornal y buen humor.

Aquí empieza, pues, la cuestión. Hasta ahora no he hecho otra cosa que templar el diálogo, entonarme con el lector y al lector conmigo.

¿Qué puede hacer la política para obtener, en lo que de ella depende, otro tipo medio de español?

Hablar de tipo medio es hablar del gran número. ¿Dónde está el gran número de los españoles? Evidentemente, en las provincias. Consecuencia: el pensamiento político tiene que comenzar por plantearse el problema de nuestra vida provincial. A mi juicio, en él se hinca la raíz de toda posible mejoría, por lo mismo que en él se esconde la raíz de las pasadas desventuras.

Cuando se habla de política española se habla, naturalmente, de política nacional. Es esto tan natural y tan obvio, tan justo y tan indiscutible, que ha producido un error de óptica en nuestra política. Habituó a pensar sólo en la nación, así en conjunto. Ahora bien: esto es un pecado de abstracción. Si no pensamos más que en la nación, no pensamos más que en el todo o conjunto como tal, y olvidamos pensar en las partes que lo integran. Es lo mismo que cuando pensamos en «el mundo». Parece que hemos pensado mucho, que no nos hemos dejado fuera nada, y, sin embargo, es uno de los pensamientos más pobres de contenido. La riqueza del mundo está en su interior, en esta cosa, y la otra y la otra, que lo van llenando. Si no pensamos en cada una de ellas, la sola idea del mundo es una idea vacía. Lo propio acontece con la idea de nación y con la política nacional, que se da grandes aires, pero es pura abstracción y hueco de una verdadera política.

La política nacional se hacía desde Madrid. Pero como no se iba a buscar la nación donde en efecto está –recorriendo cada uno de los trozos de la Península–, la idea abstracta «nación» se llenaba irremediablemente con lo que el político tenía delante de sus ojos; esto es: con Madrid. De modo que, aun sin malicia, la buena intención de hacer una política nacional se convertía de hecho en la política de una parte sólo: en política de Madrid. De puro querer ser nacionales, los hombres públicos eran madrileños, particularistas. Confundían la nación con su centro. Y el centro, cualesquiera sean sus preeminencias, es sólo una parte del círculo; precisamente la que con más cuidado debe mirar la periferia, a fin de mantenerse equidistante.

Esta imagen simboliza bien la corrección de óptica que la nueva política nacional tiene que aprovechar. Pensar nacionalmente es pensar desde un punto de vista central; pero el punto de vista central no se puede hallar y mantener si no se mira en derredor. Esto es lo que yo pido: Madrid tiene que ser, por lo pronto, una pupila que mira el resto del país. Ella, por sí, no es nada o es, a lo sumo, una parte cualquiera de ese país. Si quiere ser más tiene que serlo a fuerza de ocuparse de las demás. La política nacional ha de ser, primero que todo, política para las provincias y desde las provincias.

En ellas está el tipo medio de español, el que ha de hacer en definitiva cuanto históricamente vaya a hacerse. Sin él, cuanto se premedite y se proponga, aun siendo lo más acertado, quedará en mero proyecto; no será, por tanto, política, es decir, realización de los proyectos.

Pero se me dirá: la vida provincial es la más baja de nivel. Póngase aquí la lista de todos los vicios, defectos y menguas que aquejan nuestra vida provincial. Cuando se haya concluido la lista responderé: precisamente porque es la más baja resulta imprescindible elevarla. Ella es España misma. Lo demás es sólo complemento o excepción. No cabe, pues, margen para optar. Es preciso rectificar de una vez el absurdo radical de nuestra política durante el siglo xix: porque la provincia era mala, inepta, se recurría a Madrid, se esperaba todo de Madrid, no advirtiendo que la provincia era mala porque a su vez Madrid no había sabido cumplir su misión de capitalidad, que es mejorar las provincias, nutrirlas de vitalidad, incitarlas y refinarlas.

VI

LA CONSTITUCIÓN Y LA NACIÓN

1

Exigir que la política tenga una perspectiva histórica pareció al lector, por lo pronto y muy justamente, un lugar común. Espero que luego no se lo haya parecido tanto. Comprendió que esa perspectiva histórica no era un añadido o apéndice a la política efectiva, sino que la política misma tiene que consistir en una perspectiva o proyecto históricos. El primer plano de este proyecto es la creación de un tipo medio de español capaz de afirmarse enérgicamente en los tiempos turbulentos y obscuros que sobrevienen. El tipo medio de una nación representa el gran número de sus individuos. Este gran número de españoles se halla en las provincias. Concluíamos entonces que el pensamiento político ha de comenzar por atender a la vida provincial. La política usada hasta aquí no ha seguido esta norma. Al contrario, no se ha ocupado para nada de la vida provincial en cuanto tal. Dicho de otra manera: al construir el Estado de los últimos tiempos, no se ha entretenido en mirar antes cómo era la vida provincial, a fin de darle alojamiento saludable en ese Estado que se iba a hacer. En vez de esto, ha elucubrado desde la capital, desde Madrid, un Estado «nacional» homogéneo, especie de área geométrica donde todos los puntos son idénticos, intercambiables, iguales todos al punto central desde el cual se urdía la Constitución. A fuerza de pensar abstractamente en la nación, se creyó que ésta era un Madrid centrifugado, enorme, que llegaba hasta los mares y se apoyaba en el Pirineo. La política nacional que había en las cabezas era una política madrileña. La idea nacional quedaba, por prestidigitación inconsciente, suplantada por una idea particularista. Era madrileñismo.

Así acabamos el artículo anterior. Pero he aquí que esta nueva conclusión resulta también, por lo pronto, un lugar común. Millones de veces se ha dicho eso, sin que el decirlo aclare suficientemente nuestra vida pública y, en consecuencia, engendre acciones eficaces. Muy pronto se va a ver, sin embargo, que tampoco esta fórmula es puro lugar común. Se repite, pues, la misma historia que antes. ¿Es casual esa reiteración del mismo espejismo?

Yo creo que no. Es connatural a todo pensamiento político que cumpla su deber. La meditación política no es libérrima, como la ideología o la producción literaria. El pensamiento político tiene que rozar constantemente el lugar común, precisamente para evitarlo y deslizar algo nuevo. Lo que tiene de lugar común permite que la mente colectiva lo entienda; lo que tiene de nuevo le proporciona fecundidad e impulsa el avance y la reforma.

La vieja política era madrileñismo. Desde que empecé a escribir he combatido la vieja política. Este vocablo mismo, «vieja política», nació de mi pluma. Es un vocablo estúpido si se pretende al gargarizarlo haber subido a la cima de la sabiduría en materias de vida pública. Pero es, yo creo, usadero como simple denominación de una política que hace veinte años ya nos pareció a algunos caduca, y que hoy todos los españoles, incluso los que fueron sus agentes, consideran en lo esencial periclitada. (Algunos, por oposición muy razonable al régimen actual, emplean la *folie* de declararse «partidarios del antiguo régimen». Abramos para ellos aquí un respetuoso margen; respetuoso, pero provisional. La imposibilidad de analizar con una crítica seria y razonada los actos y la significación del Gobierno impide automáticamente criticar a sus opositores titulares. Con lo cual se anula toda verosimilitud de que pueda formarse un espíritu nuevo y se llegue a una nueva solución frente a la antigua política, que fue un fracaso, y a la política vigente, que no es una solución. Entretanto, el tiempo histórico corre, urge y se pierde para España. No se comprende por qué el Gobierno no vuelve a su posición primera, a la que hizo posible su advenimiento –la históricamente fecunda–, y se enquista en una Dictadura que cuanto más se solidifique será menos lo que una Dictadura debe ser: tránsito, momento flúido y grácil entre dos constituciones estables, una que fue, otra que va a ser. Por eso, en Roma, constitucionalmente era elegido el dictador durante la noche, simbolizando así su carácter de magistratura transitoria e intercalada –entre dos soles).

Decía, pues, que siempre he combatido la vieja política. Pero nunca, ni siquiera en la más ingenua mocedad, la he combatido por sus abusos. Los abusos no importan nunca mucho. Si son poco frecuentes, valen sólo como anécdotas de la vida pública. Si, en cambio, son habituales, constituyen una especie de monstruosa normalidad, de anormal normalidad, que no cabe atribuir al vicio individual, sino que proviene de algún grave defecto en los usos mismos. De modo que, para bien o para mal, lo importante son los usos, no los abusos. Siempre aquéllos atraerán la meditación de quien va seriamente a la substancia de las cosas. Éstos quedan para los sicofantes o acusicas.

Lo malo de la vieja política era el uso mismo, su propia constitución. En definitiva: la Constitución.

Aislemos estrictamente en ella lo que es decisivo para nuestra primera cuestión, nuestra cuestión básica: el olvido de la vida provincial cometido por la vieja política, la necesidad de partir de ella en la nueva.

La existencia de España era en aquella Constitución entregada a dos instituciones principales: el Parlamento y el

Gobierno de su majestad. Al Parlamento se encomendaba la legislación y fiscalización directa sobre la vida pública de todo el país. Por tanto, lo mismo las máximas cuestiones de que dependía la vida entera de la nación que las pequeñas cuestiones locales; lo mismo los temas abstractos, pero ineludibles, de la dirección «ideal» del país, de su hacienda total, de sus relaciones internacionales, que los argumentos más hiperconcretos, como el atropello cometido por el alcalde del último aldeón, o el tiro que en la más repuesta serranía se le escapaba a un guardia civil. Entre medias están los que no son abstractos, pero tampoco mínimos: el estado de tal industria comarcana, el problema de las comunicaciones en media provincia, los conflictos económicos de los Ayuntamientos, etcétera, etcétera. Para resolver asuntos de tan diversas altitudes y competencias se pedían al país cuatrocientos diputados, previa la división territorial en cuatrocientos distritos.

Paralelamente se encargaba a un Gobierno de la función ejecutiva, con idéntica amplitud de temas. Como el alma, según dicen, está toda en todas partes del cuerpo, el Gobierno había de intervenir a un tiempo todos los trozos y partes de la vida española. Nombrado nominalmente por el rey, la Constitución lo entregaba maniatado al Parlamento. Era inevitable que para convivir se fundiesen ambos poderes, y esta fusión, a despecho de la letra, era el espíritu de esta Constitución y de sus congéneres la francesa y la inglesa.

Todo dependía, pues, de una raíz: la elección de los parlamentarios.

Después de lo anunciado más arriba, no esperará el lector que hable ahora de la famosa «suplantación del sufragio», supuesto origen de todos los desmanes y causa del desprestigio de la vieja política; expresión que se ha repetido más veces que ninguna otra en nuestra historia contemporánea. Bastaría que el tal hecho fuese un abuso para que no me interesase. Pero, además, la idea de él, la importancia que se le atribuye, son... No se enoje nadie porque antepongo la solicitud de perdón; pero déjeseme por una vez decir una palabra dura, la única que en este punto dice bien mi opinión: dar importancia a la suplantación del sufragio que en España se practicaba es una tontería, y nada más. Imperio de tal idea revela simplemente el grado chabacano, tosco, torpe, a que había llegado en las clases superiores de la nación el pensamiento político.

No tiene sentido atacar al viejo régimen porque se abusaba de él en lo que era su raíz: la elección de los parlamentarios. Posible es siempre el abuso del principio y régimen más maravilloso. Lo que hay que hacer es estrictamente lo inverso: explicar y *justificar* el abuso, probando que era resultado inevitable del uso mismo, del principio, del régimen. No era mala la Constitución porque algunos abusaban de ella –ésta es la tontería–, sino que se abusaba de ella en forma tan grave porque era mala.

Para mostrar esto tenemos que seguir un método contrario al que ha solido emplearse en la literatura política. No vamos a presentar los crímenes e impurezas que se cometían en la elección de parlamentarios, sino al revés. Vamos a situarnos en la mente que creó aquella Constitución, y vamos a imaginar que la elección se verifica sin impurezas, *cumpliéndose en ella los supuestos que los legisladores tenían en sus cabezas cuando la forjaron*. De esta manera nos formaremos una noción cabal de lo que era aquella Constitución como *idea*, como modo de pensar político. La veremos en sus usos puros, perfectos. Luego tornaremos la mirada a la realidad de la vida española, a sus usos reales, pero también puros, a su modo de ser efectivo. De tal suerte, podremos comparar dos usos: el ideado en la Constitución y el realísimo de la existencia nacional. Si entre ambos hay una incongruencia radical, quedará invalidado en su esencia misma aquel pensamiento político, aquel régimen, y se comprenderá que, por fuerza y no por pecado de nadie, sólo podía funcionar abusivamente, en perenne anormalidad. Pero algo más positivo obtendremos de este confrontamiento: al superponer el perfil puro de aquella Constitución al cuerpo efectivo de la realidad nacional caeremos en la cuenta de qué porciones y líneas no coinciden; es decir, veremos con plena evidencia qué nuevo esquema de instituciones es preciso idear para que éstas –por tanto, el Estado español– coincidan, en la medida práctica exigible, con la nación española.

2

El cura, desde el púlpito, finge un maniqueo absurdo para darse el gusto de refutar al maniqueo.

Al imaginar nosotros ahora la antigua Constitución en su funcionamiento ideal, es decir, según la idea de los que la crearon, hemos de evitar parecernos al cura refutador. Debemos definir el funcionamiento de aquella Constitución en su forma pura, ideal, pero no utópica. La utopía, con cierta salvedad, que otro día haré, es lo contrario de la política, y fuera tan desleal y tan lerdo emplear el utopismo para formar nuestro programa como para criticar el ajeno. Hemos de interpretar aquel régimen sin exigirle lo inverosímil ni lo improbable; por el contrario, reduciremos las exigencias al mínimum requerido y supuesto en los principios mismos de aquellas instituciones.

Así, pregunto concretamente: ¿qué condiciones, en los electores y en los elegidos, implicaba la elección de parlamentarios según la Constitución? Hemos visto que de esa elección dependía todo lo demás. Por tanto, es éste el punto en que es forzoso precisar y aguzar la mente. *Hic, Rhodus, hic salta.*

Lo que sigue es bastante pesado. No obstante, solicito del lector que con un esfuerzo generoso de su atención neutralice lo que hay de inameno en el tema. Ya otro día nos divertiremos. Es justo que alguna vez se permita sin enojo hablar de política con cierto rigor.

La característica del viejo Parlamento era su obligación de discriminar sobre todas las cuestiones públicas, lo mismo «nacionales» que locales. Por tanto, los diputados debían ser competentes en todas ellas. Éste es el primer punto en que conviene defenderse de interpretaciones utópicas. Los autores de la Constitución no pretendían, muy razonablemente, que los diputados fuesen competentes en el sentido de ser conocedores científicos, especialistas, «técnicos». La intención de entregarles *todas* las cuestiones excluía semejante tecnicismo. En esto no hay por qué impugnar la ley antigua. En los últimos tiempos se ha exagerado mucho la demanda de competencia en los políticos, entendiendo aquélla como «tecnicismo». De aquí que durante unos años fuese corriente ambicionar un Gobierno de «técnicos». Yo creo que es ésta una idea confusa y barata, cuyo análisis no es ahora urgente y detendría nuestra tarea principal. Basta, por el pronto, hacer constar que las cuestiones públicas son, en su inmensa mayoría, de trama gruesa y bastante sencilla. No requieren el empleo del cálculo infinitesimal. Si en algunas, como en ciertos asuntos de la economía pública, interviene literalmente el cálculo infinitesimal, quiere decirse que tienen dos caras perfectamente discernibles y separables: la política y la técnica. La competencia, pues, que era condición de aquellos diputados, no era la «técnica», sino, simplemente, la que toda persona de seria cultura puede poseer. Bastaba con que al discutir y decidir sobre cada cuestión, como suele decirse, «estuviesen enterados». *Enterar* viene de *integrare*, tomar en conjunto. Bastaba con que conociesen el conjunto de la cuestión. Ejemplo: una cuestión política es la instrucción pública. Para articular una ley de instrucción pública hace falta tecnicismo. Para discutirla y decidirla, no. Es suficiente estar enterado. Entre los profesores de la Universidad, sólo uno es técnico en instrucción pública: el profesor de Pedagogía. Los demás no somos técnicos de ella, sino que solamente estamos enterados, porque *estamos en ella*, porque la vivimos. No creo que para discutir correctamente una ley de instrucción pública sea menester mayor competencia que la que poseen normalmente (?) los profesores universitarios, y, sin embargo, no son técnicos. Pongamos, pues, las cosas en su término cuerdo: la competencia exigible a los diputados no es otra que la de *estar* en las cuestiones o ser capaces de ponerse en ellas. Ya veremos la importancia política que esta capacidad, así definida, tiene.

Más grave que tal faceta del asunto es esta otra: la división más substanciosa que cabe hacer entre los temas sometidos al juicio del Parlamento es la que los disocia en cuestiones «nacionales» y cuestiones locales. En la idea de aquella Constitución era punto esencial que todas, unas y otras, que la vida pública entera de la nación, fuese librada al Parlamento. Ahora bien; no hay duda que entre esos dos linajes de cuestiones hay una diferencia de rango: las cuestiones «nacionales» son más importantes que las locales. Cosa tan obvia no podía pasar inadvertida a los constitucionales del 1876 y 1890. Y, en efecto, no sólo les constaba, sino que en ella fundaban la estructura misma del organismo parlamentario. Las cuestiones «nacionales» son, en comparación con las locales, muy abstractas. Se refieren a ideas y principios morales, históricos, jurídicos, o bien a las amplias normas financieras del país, a sus relaciones internacionales, cuestiones del Estado con la Iglesia, etcétera, etcétera. No se olvide que en aquella época la política de toda Europa era principalmente política de «ideas». (Sólo al fin del siglo XIX se inventó como algo nuevo, y hasta escandaloso, la *Realpolitik*). Se pensaba entonces que lo decisivo en toda actuación política de electores, de elegidos y del Gobierno –era su enrolamiento bajo alguna bandera «ideal». Estas «ideas» o «ideales» eran, sobre todo, opiniones teóricas sobre cómo *debía ser* jurídicamente un Estado. En los debates parlamentarios eran estos temas abstractos y teoricopolíticos los que se discutían siempre, cualquiera que fuese el motivo concreto de la controversia –presupuesto, reforma del ejército, ley de instrucción pública o plan de carreteras. Y era justo, natural e inevitable que así aconteciese, porque, en efecto, esas cuestiones u otras parejas tienen mayor rango humano que las demás. Si al Parlamento no le iba a la mano nadie para imponerle la atención a los temas materiales de la existencia nacional, y, sobre todo, a los locales, sin remedio habían de ocupar aquéllos, más excelsos, todo el tiempo y todo el entusiasmo. Además, las «ideas» tenían una ventaja, que en Inglaterra y Francia se había probado. Como el contenido de ellas –monarquía, república, libertad, prestigio de la autoridad, capital y trabajo, librecambio y proteccionismo– era una serie de fichas mentales sobremanera abstractas, tenían un carácter ubicuo y genérico que permitía formar bajo ellas grandes partidos. Ahora bien: un Parlamento gigante, como era aquél –cuatrocientos miembros, representantes de cuatrocientos distritos–, sólo podía funcionar eficazmente si en él se formaban dos o tres grandes grupos, dos o tres masas enormes de opinión pública, produciendo una mecánica relativamente simple. (En rigor, ya un tercer partido es en parlamentarismo, como en mecánica, el llamado «tercer cuerpo», un problema complicadísimo). Y, en efecto, la Constitución inglesa y la francesa han marchado bien mientras hubo dos grandes partidos. Y los hubo mientras hubo «ideas». En cuanto se han disociado en grupos múltiples, los Parlamentos inglés y francés han empezado a crujir y no funcionar.

Los autores de la Constitución buscaban esos grandes partidos, y conscientemente anteponían las cuestiones de ideas, o nacionales, a las locales. Por eso precisamente forjaron aquel tipo de Parlamento. Pensaban acaso que la parte de atención correspondiente a las cuestiones locales vendría impuesta por el país mismo, y que esta imposición compensaría el previsible exclusivismo de las «ideas». De todos modos, es evidente que dejaban a la buena de Dios el cuidado de lo local y destacaban, en cambio, los temas «nacionales» centrando en ellos la vida parlamentaria y, por tanto, la elección.

Ya aquí empieza a vislumbrarse que era un radical error amontonar sobre una sola institución, conjunta y mixtamente, los asuntos de la «nación» y los de las localidades. Aunque no hubiera otras causas, el simple hecho de esa mezcolanza había de traer el aplastamiento de éstos por aquéllos si fuerzas espontáneas del país, entre ellas el carácter de la raza, su modo de vida, etcétera (como en Inglaterra), no contrarrestaban la tendencia residente en la institución misma, que calificaremos de «tendencia hacia lo abstracto». Pero resuelto a interpretar con la tarifa más favorable la obra de nuestros abuelos, no voy a apuntar por sólo esto un tanto en contra al viejo Código fundamental. Voy a conceder más. Si esa intención de organizar políticamente el país en torno a unas cuantas puras «ideas» de Derecho público se hubiese logrado, habríamos tenido una España desatenta a lo material, tan pobre o más pobre de lo que es, técnicamente absurda, alucinada, donquijotesca, pero políticamente sana, *organizada*, ferviente, disciplinada, purificada en entusiasmos trascendentales, culta –culta, no por saber mucho, sino por preocuparse de asuntos algo entecos, pero ciertamente elevados. Sobre todo, y esto es lo que ahora nos interesa, si los diputados que la Constitución predestinaba a combatir y votar sobre temas tan perespirituales eran elegidos, en efecto, por la masa, y ésta les seguía compactamente, no hay duda que aquella Constitución hubiera funcionado bien, y al funcionar bien, claro es, habría servido al país, del que entonces cabría quejarse por otras razones, pero no porque su vida pública fuese defectuosa. La Constitución, en tal hipótesis, no era un error.

El toque estaba, pues, en las condiciones que aquel régimen presumiese en el cuerpo electoral. No cabe pensar un Parlamento sin prever un cierto tipo de diputados elegidos, y, en consecuencia, un cierto tipo de electores.

De éstos va a depender la realización o la defraudación del proyecto constitucional que los legisladores han lucubrado. La exactitud con que el estadista acierte a calcular las dotes y carácter del elector normal es, a mi juicio, el punto decisivo para toda reforma del Estado. Por eso el reformador tiene que saberse bien su país y tener talento para combinar los elementos del carácter étnico –a veces, poniendo unos frente a otros, en lucha y certamen. El famoso carro del Estado va uncido al carácter nacional. Acertará el político que más sutilmente conozca al español medio y mejor sepa cómo hay que obtener de él su propio progreso; no el que sólo conozca bien ciertos vicios del español y transitoriamente crea, astuto, aprovecharlos.

Más interesante, si cabe, que la competencia en los elegidos es la competencia en los electores. He definido (¡terrible expresión!) la de aquéllos mesuradamente; he dicho que no necesitaba ser competencia técnica, sino «estar enterados», estar en las cuestiones, haberlas vivido por su oficio y ocupación habitual, o, por lo menos, ser capaces de *ponerse* en ellas cuando se presentan. La competencia exigible en el elector es, naturalmente, menor. Vamos a reducirla al mínimum razonable; la condición mínima de un elector, para ser buen elector, es que las cuestiones sobre que van a debatir y decidir los candidatos existan para él. No creo que se pueda pedir menos: el elector tiene que *sentir* las cuestiones públicas representadas en las elecciones; es menester que los programas hayan rozado su alma, que le hayan interesado y preocupado, que haya adoptado ante ellos una actitud íntima. Si él es tosco, esta actitud será tosca. No importa. En cuanto elector, será bueno.

Con esto llegamos al punto de peripecia. El Parlamento, por su esencia misma, se ocupaba sólo, o se ocupaba casi exclusivamente, de temas «nacionales»; sobre todo, y por encima de todo, de grandes «ideas» juridicopolíticas, de concepciones del Estado, etcétera, etcétera. Ser candidato era ser liberal, o conservador, o monárquico, o republicano, o socialista, o tradicionalista. Al día siguiente de las elecciones, los periódicos dibujaban el perfil de las nuevas Cortes, calibrando sus facciones bajo esos adjetivos y añadiendo a cada uno el número de triunfantes.

Ahora bien: ¿qué clase de españoles podían sentir esas cuestiones abstractas, tener de ellas conciencia aproximada? Como hablamos de electores hay que hablar de grandes números, de masas. Pues bien: sólo una masa podía haber en España que, formando cuerpo electoral, pudiese interesarse y estar despierta para temas tales, que fuese apta para distinguir la calidad y dirección de los candidatos: el vecindario de la capital, los madrileños.

Este privilegio del vecindario madrileño no le advenía merced a una mágica gracia insuflada con sus vientos peculiares por el padre Guadarrama. Lejos de esto, provenía, simplemente, de que era la capital. Cuando una ciudad moderna es una capital de Estado, se puede *a priori* determinar cuál es su estructura social. El vecindario de una capital-corte se compone de las siguientes clases de ciudadanos: 1.ª El rey, símbolo del Estado. 2.ª Los palatinos y sus familias y allegados, servidores de ese símbolo. 3.ª Los gobernantes de la hora, los supervivientes y los aspirantes. 4.ª Los parlamentarios o los que en otro régimen hagan sus veces. 5.ª La gigantesca burocracia inmediata del Estado civil y militar. 6.ª Los grandes Bancos y las representaciones de todas las grandes industrias del país, que velan por la relación de éstas con el Estado. 7.ª Los pretendientes a cuantas cosas dependen del Estado. 8.ª La gran Prensa, de carácter principalmente político. 9.ª Las instituciones científicas –Academias, Universidad, etcétera–, en número incomparablemente superior a las que residen en cualquier provincia. 10.ª Los intelectuales, en densa concentración. 11.ª Como todas estas clases tienen amplios ocios, ha de haber en la capital un número enorme de juglares –espectáculos de toda índole–, clase social que vive de proporcionar placer a las anteriores. Por esto, la capital es siempre ciudad abundante en placeres. 12.ª Lo cual atrae a una masa enorme de ricos, cuya riqueza está en las provincias. Vienen a la capital para gastar sus dineros. 13.ª Todas estas clases de vecindario, salvo, en cierto sentido, los intelectuales y los juglares, no son productoras, sino gastadoras. La capital es concentración de compradores; por eso acuden a ella en legión los comerciantes. Éstos viven atentos a su clientela, que, como se ve, está compuesta principalmente de gentes de Estado o congéneres. 14.ª Un estado inferior de pequeños servidores, artesanos, obreros, etcétera; en suma: la «plebe», la plebe típica y eterna de toda gran capital.

No pretendo haber agotado con esta lista las categorías de vecinos madrileños. Pero no hay duda que ésas son las principales y que ninguna de las olvidadas por mí contradice o anula el carácter general de las inscritas. Con esta salvedad puede afirmarse que toda capital moderna tiene esa estructura social, y si no es más que capital, no tiene más que ésa. Puede ocurrir que debajo de la capital subsista una gran ciudad industrial. Éste no es el caso de Madrid, urbe habitada por gentes de Estado, ocupadas en funciones de Estado, preocupadas por asuntos e ideas de Estado (intelectuales), o dependientes de los que son el Estado, sus ocupados y sus preocupados. Este torso del vecindario impone al resto su peculiar espiritualidad; por tanto, a los ricos ociosos que se avecindan y a la plebe sobre que constantemente actúa, que ve diariamente al rey, a los ministros, a los diputados, a los generales, a los publicistas...

En resolución, un vecindario como el de Madrid era un buen elector según la antigua Constitución. Los asuntos «nacionales» que en el Parlamento se discutían, los debates sobre «ideas» políticas, sobre conceptos de Estado, tenían, o podían tener, existencia en el alma de los madrileños. Y, en efecto, las elecciones han solido ser en Madrid bastante normales y auténticas.

El punto decisivo está en si el vecindario del resto de España es homogéneo al de Madrid, si Madrid es toda España, o si «toda España» es muy distinta de Madrid; tal vez, lo contrario de Madrid.

3

Hemos visto que la Constitución radicaba toda ella en el Parlamento –puesto que el Poder ejecutivo tenía, para vivir, que fundirse con aquél (ideal del Gobierno parlamentario, como en Inglaterra); a su vez, el Parlamento dependía de la elección, y la elección, del tipo de elector. Éste, pues, era la *ultima ratio* de todo el sistema.

Ahora bien: el único tipo de cuerpo electoral congruente con este sistema era el que fuese capaz de interesarse por los grandes y abstractos problemas «nacionales», principalmente por las disputas ideológicas sobre los principios de Derecho político –liberalismo, democracia, tradicionalismo, conservatismo. Hemos encontrado que el cuerpo electoral de Madrid, merced a la estructura social de esta ciudad, respondía bastante bien al tipo previsto en la Constitución.

Pero Madrid elegía sólo ocho diputados, y el Parlamento se componía –números redondos– de cuatrocientos. Para que el régimen tuviese sentido era menester que la mayoría de los trescientos distritos restantes contase con cuerpos electorales homogéneos al de Madrid.

Llamo, en sentido estricto, «política madrileñista» o «madrileñismo político» a la *idea e intención* de organizar el Estado español suponiendo que el tipo medio de los cuerpos electorales en toda la Península es idéntico, en lo esencial, al cuerpo electoral de Madrid. Por tanto, a la política que presume una España consistente –para los efectos políticos– en un Madrid dilatado hasta los límites de la nación. En este pensamiento político, «nación» y Madrid son términos equivalentes e indiferenciados. Se toma a la nación *como* un Madrid, se toma a Madrid *como* lo normal de la nación.

Hasta ahora no he hecho otra cosa que interpretar en la forma más leal y rigorosa posible nuestro Código fundamental, según la mente de sus autores. He dibujado lo que cabría llamar *la idea de la vieja Constitución*. Pero ésta pretendía, como es natural, valer para la nación. Por tanto, debemos ahora retirar la mirada de la idea de la Constitución y fijarla sobre la realidad de la nación, a fin de confrontar la una con la otra. Esta confrontación sería muy vaga e insuficiente si la pesadumbre del análisis anterior no nos la hubiera facilitado reduciéndola a términos precisos. Se trata, simplemente, de ver si, en efecto, los cuerpos electorales de la Península, en su gran mayoría, se asemejan al cuerpo electoral madrileño.

Lo característico de éste era el predominio de ciertas clases sociales que son las únicas capaces de interesarse en las grandes cuestiones «nacionales», tan genéricas y abstractas. Como las he calificado una y otra vez de «abstractas», debo hacer una advertencia: el que sean abstractas no quiere decir que no sean reales e importantes. Por el contrario, bien entendidas, resultará, a la postre, que son las más reales e importantes. Si toma el lector en la mano un *Manual de Ingeniería*, hallará que en sus páginas no hay más que fórmulas algebraicas y figuras geométricas. Nada más abstracto. Sin embargo, de ese *Manual* salen los ferrocarriles, los puentes, los automóviles, el hierro, la metalurgia, y, en consecuencia, los negocios ferroviarios, de comunicaciones, fabriles, etcétera. Todas estas realidades emergen de lo más abstracto. Parejamente, las cuestiones «nacionales», y aun las de «ideas», son realísimas; pero consisten en concepciones muy generales que tienen, por lo mismo, un carácter abstracto y requieren cierta predisposición espiritual para ser atendidas y entendidas –como pasa con el *Manual de Ingeniería*.

Pues bien: las clases sociales predominantes en el vecindario madrileño son las que poseen esa disposición espiritual. Dondequiera, en el más remoto desierto, podrá haber algún individuo tan capaz como el más capaz madrileño de interesarse en las cuestiones «nacionales». Pero aquí no se habla de individuos privilegiados, sino de masas, de clases aptas para *sentir* las grandes abstracciones públicas. Las llamaré, por esta razón, «clases abstractas». Y éstas son –en España, fuera de España y, tal vez, en Sirio– tres, y nada más que tres: las burócratas, las intelectuales y las financieroindustriales. Los burócratas se interesan en la cuestión de Estado, sencillamente porque es su obligación. Los intelectuales, porque es su devoción y su aptitud interesarse en lo abstracto. Los financieroindustriales, porque es su interés y, además, porque la técnica de sus asuntos los habitúa a la concepción de relaciones abstractas, a amplias previsiones, a percatarse de que lo concreto depende, en definitiva, de lo general.

La condición propia de estas tres clases aparece clara si el lector opone a ellas el labriego, que en la campiña casi incomunicada hinca, bajo el sol y el ábrego, la reja del arado en su humilde pegujal.

Para que los demás cuerpos electorales fuesen similares al de Madrid sería menester una de estas dos cosas: primero, o que en cada uno de ellos predominasen las mismas clases sociales que en Madrid, o, segundo, que el espíritu de Madrid, es decir, de sus tres clases principales, hubiese influido en el país hasta el punto de penetrarlo y educarlo a su imagen y semejanza.

¿Ocurre, efectivamente, lo primero? Evidentemente, no. En ninguna nación del mundo pueden predominar, numéricamente, los burócratas ni los intelectuales, y en muy pocas, los financieroindustriales. Entre nosotros forman una exigua minoría. En España hay más burócratas, relativamente, que en ningún otro país, salvo China; pero, en cambio, hay fabulosamente menos intelectuales e industriales.

Los cuerpos electorales españoles, aparte del madrileño, se dividen en varios grupos. Uno, formado por las ciudades más importantes, que *a primera vista* podrían emparejarse con Madrid, como Barcelona, Sevilla, Bilbao, Valencia. Otro, por las restantes capitales de provincia. Otro, en fin, por la legión de distritos rurales.

Entre el segundo y el tercer grupo –me apresuro a decir– no hay diferencia importante para nuestra cuestión. La pequeña capital de provincia es, en su esencia, tan rural como la aldea: vive, como ella, del campo. La diferencia se reduce a que en la capital de provincia habitan los labradores y ganaderos más ricos y que el Estado tiene allí una mínima colonia de burócratas y de intelectuales (una Universidad más o menos completa, un Instituto de Segunda enseñanza, una Escuela Normal). De todas suertes, los campesinos –ricos y pobres, propietarios y jornaleros– forman en ella una mayoría aplastante, cuyo espíritu predomina sin límite alguno.

Sería, en cambio, asunto delicado aprontar la fórmula precisa de la estructura social correspondiente a las mayores capitales de provincia. Entre Madrid y el ingente resto del país constituyen unidades públicas de carácter intermedio y son muy distintas entre sí. Para ser certero, fuera preciso considerar aparte cada una; así, aunque Bilbao y Sevilla pesan casi lo mismo en la vida española, no se parecen en nada como unidades públicas. Pero entrar en este estudio de detalle nos distraería ahora. Al propio tiempo, no nos hace falta para nada en el capítulo de una nueva política, que ahora nos ocupa. En última instancia, se trata de tres, cuatro, cinco grandes ciudades provinciales que elegían, a lo sumo, veinte o veinticinco diputados. Pongamos que sus cuerpos electorales coincidían –lo que no es cierto– con el de Madrid. Sumados sus representantes a los madrileños, dan treinta y pico –entre cuatrocientos. Por lo tanto, quitémonos de en medio este asunto. Se entiende, por ahora. *Las grandes ciudades provinciales* significan el título de un problema especial y enorme en la vida pública española. Mal preconcebido estará todo nuevo *sistema de política nacional* que no tenga, por anticipado, abierto un hueco para alojar ese problema. Ya lo veremos surgir maduro a su tiempo y caer en su lugar predestinado dentro del seno de la meditación.

Resulta, pues, que de cuatrocientos representantes nacionales, trescientos sesenta eran elegidos por distritos resueltamente rurales. Madrid y las tres o cuatro ciudades que, por un momento, consideraremos afines se encontraban solas frente a la casi totalidad de los cuerpos electorales formados por campesinos. Nuestra nación, en su realidad, es campiña y sierra –ruralismo–; por tanto, está constituida por la clase social de tipo más opuesto a burocracia, intelectualidad e industrialismo. El rural es el hombre prisionero de lo concreto y próximo, *por sí mismo* incapaz de entender ni sentir nada abstracto y racionalizado. Su alma vive sonámbulamente –y éste es su encanto indudable–, flotando en impulsos tradicionales. Tiende a hacer hoy lo que hacía ayer, simplemente *porque* lo hacía ayer. Su mente es miope –y ésta es su fuerza: ve muy claro lo inmediato, se aferra a ello, pero no puede percibir lejanías, las generalizaciones. Las cuestiones de Estado, los afanes históricos, las luchas integrales, los cambios de régimen, toda la historia, en suma, pasan por encima de su cabeza como las nubes viajeras sobre la cima de las encinas: sin que éstas se enteren. Todos los que hayan explorado el sacro cuerpo de España han tropezado, en la serranía o en la ribera, con un sombrerazo de labriego bajo el cual se aseguraba que aún gobierna en España Fernando VII. Claro es que el *señor* campesino sabe algunas cosas más; sí, las sabe, han caído sobre su espíritu noticias sobre el mundo, sobre la nación, sobre las cuestiones públicas, pero no las *siente* ni sabe orientarse en ellas con soltura. Su alma, más fina que la del jornalero, obedece en sustancia a los mismos principios. (Véase *España invertebrada*).

No es necesario emplear sobre este punto muchas palabras. Nadie puede desconocer el hecho de que la casi totalidad de los cuerpos electorales españoles está constituida por pura clase rural, y que el rural es el polo opuesto al burócrata, al intelectual y al industrial.

Hay, pues, que recurrir a la otra posibilidad: que esas tres clases abstractas hubiesen logrado desde Madrid derramar su influjo sobre el omnímodo ruralismo de España, saturándolo de los principios contrarios, compensando las tendencias nativas del eterno labriego. Esto era posible. Tanto, que en otras naciones ha sido real. Por ejemplo, en Francia. La nación francesa está hecha por la irradiación de la capitalidad, cuyo genial espíritu ha goteado multisecularmente sobre las glebas locales hasta impregnarlas de su cultura. La agricultura quedó así enriquecida y transformada por las «humanidades» de París, por la educación abstracta, por la *mente-cultura* –ideas, estilos de arte y de vida, fervores políticos. No digamos ahora por qué y cómo fue esto posible. Basta con que sea un hecho. Pero es evidente que tampoco es éste el hecho de España. Madrid no ha poseído jamás una cultura creadora. A fuer de capital de Estado, se ha ido, claro está, cultivando; es decir, ha aprendido del extranjero un mínimum de cosas malamente asimiladas. Esta cultura adquirida –y no creada en abundancia de hontanar–, esta cisterna de cultura, le viene muy justa a Madrid para sus necesidades de urbe, para sostener la estricta dignidad de una capital. Pensar en que haya podido nunca irradiar su espíritu es bobería. A seis kilómetros de Madrid, la influencia cultural de Madrid termina, y empieza ya, sin transición ni zona pelúcida, el «labriego absoluto».

Por tanto, queda eliminada también la segunda posibilidad. Permanece, en cambio, lo efectivo: una capital más cultivada que cultivante, y en torno, inmenso, el absoluto campo.

No puede imaginarse incongruencia mayor que la existente entre la *idea* de la Constitución o Estado y la *realidad* de la nación, de la vida efectiva y cotidiana de España. El hecho mismo de que se proyectase aquella Constitución revela sencillamente la incultura del político «madrileñista». En vez de plantearse originalmente, intuitiva y sinceramente el problema político español –el Estado que convenía hacer, la gran *lex ferenda*–, tomó lo que veía en Francia, una *lex lata*, oriunda de otra historia la más antitética de la nuestra, propia para otra sociedad y otros linajes. La Constitución de la «dulce Francia» no podía servir para la áspera España.

Aquellos hombres de 1876 y 1890 sabían muy poco. Simplemente porque no habían trabajado, no se habían perdido y olvidado a sí mismos en una labor cruel, año tras año, para llegar a ser cultos. Pero sabed que ahora existe en España una minoría plenamente culta, formada *precisamente por los que han trabajado en el extranjero* o han recibido la influencia de éstos –profesores, escritores, médicos, industriales, obreros. Y esa minoría está resuelta a hacer una España auténtica, una España original y española, pero apta para hacer historia en el futuro. Por haber trabajado en el extranjero saben que él no es España, no la confunden con aquél. Mas, a la par, quieren pertrecharla para la lucha y convivencia con aquél. Sabed que van a hacer, contra viento y marea, en uno u otro decenio, una España para alta mar –fuertes flancos, quilla profunda.

Pero antes de dibujar los gálibos de la nave futura es preciso cerrar la cuestión que ahora desarrollamos. Si la *idea* política era incongruente con la *realidad* de la nación, ¿cuál era, de hecho, la *realidad política* que durante cincuenta años acontecía en España? Si el uso ideado en la Constitución era incompatible con la materia nacional, claro es que la vida pública tenía que consistir en un puro, permanente y consubstancial abuso.

Intentemos fijar el perfil de este constitucional abuso. De no ser un poco trágica, yo diría que nuestra tarea inmediata es divertida. Se va a ver cómo la intención de una «política madrileñista» y «nacional» se convertía, de hecho y por fuerza inexorable, en lo contrario de ella: en el imperio del *provincianismo* y del peor localismo.

4

Hemos visto que la Constitución se proponía un Parlamento donde se discutiesen y resolviesen principalmente las grandes cuestiones «nacionales». A este fin postulaba la elección de cuatrocientos diputados, los cuales, por lo menos en su mayoría, fuesen personas de alta espiritualidad, capaces de tan grave menester. Esta elección implicaba la existencia de cuerpos electorales aptos para sentir aquellos magnos temas y para preferir a estos hombres egregios, los más delicados y complejos.

Ésta era la *idea* de la Constitución. Pero la *realidad* de la nación discrepaba radicalmente de esa idea en lo que era su supuesto fundamental. La inmensa mayoría de los distritos electorales estaba compuesta de gente rural.

Situadas así las cosas, la más sobria curiosidad no podrá contenerse y preguntará: Entonces, ¿qué era lo que acontecía en *realidad* con la Constitución? ¿Cuál era la efectiva vida pública de España? Naturalmente, acontecía lo que tenía que acontecer. Lo que acontece es siempre la realidad, no nuestros falsos conceptos, y viceversa, la realidad, queramos o no, acontece siempre, es inexorable. La realidad de España tenía que triunfar sobre la torpe idea que de ella se habían hecho los políticos «nacionales» y «madrileñistas». Madrid se había olvidado de las provincias, y, como España *era* pura provincia, tenía por fuerza que resultar, en vez de una política «nacional», una política provinciana, localista y rural en el peor sentido de estos vocablos.

Veamos cómo y por qué vías. Si del choque entre esos dos elementos –idea constitucional, realidad del país–, según han sido descritos más arriba, se desprende como directa consecuencia una imagen que coincide con lo sucedido efectivamente en nuestra vida pública durante los últimos cincuenta años, quedará, me parece, probada la exactitud de aquellas descripciones y la fecundidad del método seguido en este estudio. Pero al describir la dinámica de un choque es forzoso distinguir dos etapas consecutivas: en la primera asistimos al choque; en la segunda, a los resultados del choque. Durante estos últimos cincuenta años tenían, por fuerza, que producirse en España dos procesos diferentes: uno, que va de 1876 a 1900 –el país choca con la Constitución–; otro, que va de 1900 a la fecha –el país elimina la Constitución, que no se puede asimilar; la despide después del choque. Me importa mucho señalar esta diferencia de tiempos y esta dualidad de procesos, porque el propósito que mueve mi pluma no es mostrar los defectos del pasado, sino, al contrario, precisar el punto de arranque para un saludable futuro. Pero, claro está, no se puede preparar la salud si antes no se define la enfermedad. Ya veremos cómo el porvenir de España está preformado y sugerido en aquel segundo proceso.

Según cuentan, Fichte comenzaba una de sus lecciones diciendo: «Señores, hoy vamos a "construir" a Dios». Fichte era genial; pero era incapaz de ironía y de tacto –architudesco. Después de todo, «construir» no significa más que lo que hace constantemente la ciencia: imaginar *a priori* los hechos. Esto es la física, que hace posible la fabricación de automóviles. Algo excelente debe haber en el método, cuando permite llegar a tan positivos resultados. Pues bien: nosotros vamos ahora a «construir» el Parlamento español de los últimos cincuenta años, vamos a imaginarlo *a priori*.

Necesitamos cuatrocientos diputados «nacionales». Trescientos cincuenta de ellos tenemos que sacarlos de distritos rurales. Éstos son los términos del problema.

He aquí un distrito rural típico –las anécdotas, las diferencias secundarias, inesenciales, no nos interesan. Vamos a imaginar la serie de reacciones políticas de ese «distrito rural tipo».

Enviamos al distrito dos candidatos: uno, «liberal»; otro, «demócrata» o «conservador». Van con sus programas. La diferencia fundamental entre estos programas es justamente ésa: ser «liberal» o «demócrata» o «conservador»; sustentar diferentes ideas sobre Derecho político, sobre finanzas del Estado, sobre instrucción pública, etcétera. Nuestros candidatos son personas exquisitas, cultivadas, honestas.

Llegan al distrito y los presentamos al Cuerpo electoral, que suspende a este fin sus faenas campesinas. Decimos al pueblo: «Podéis elegir a este señor, que es "liberal", o a este otro, que es "conservador". Vuestro sufragio es libérrimo».

¿Cuál es la primera reacción de los rurales ante semejante dilema? Se miran unos a otros. No entienden de qué se les habla. No encuentran en su interior motivos claros para decidirse por el uno o por el otro. Se sienten asnos de Buridán. Dan media vuelta. Se van. La primera reacción del distrito rural ante esta política *directamente* «nacional» –es decir, superabstracta– es por completo negativa. Es la abstención electoral. Y, en efecto, el absentismo del sufragio fue la nota dominante en la primera etapa de la vida constitucional española.

Pero tenemos que hacer un Parlamento; necesitamos trescientos cincuenta diputados, elegidos por el país. Éste no los elige. Entonces, el Poder ejecutivo no tiene más remedio que fingir la elección y nombrarlos él. ¿Es esto suplantación del voto? Evidentemente, no. La elección que no existe no puede ser suplantada. Las elecciones en España, como los impuestos en Roma, comenzaron por no existir.

La situación a que hemos llegado es ésta: el Gobierno ha tenido que hacer diputado a un señor, el cual no ha sido elegido por el distrito. Éste se encuentra con que un señor caído de las nubes representa sus pueblos en Madrid, y que el ministro le consulta, a fuer de tal representación, cuando hay que nombrar alcaldes, jueces, alguaciles, peatones, etcétera. Estos nombramientos son cosa ya más grave y concreta que la «nación» y que el Derecho político. Es el Poder público y sus substantivos beneficios, favores, prebendas. Al descubrir tras la elección esta realidad que en forma tan concreta se refiere a sus pueblos, el distrito rural reacciona nuevamente, pero en forma más positiva. Una o varias personas, las más avispadas, activas y enérgicas del distrito, se hacen el siguiente razonamiento: «Esto de la elección es cosa más sabrosa de lo que creíamos. Creíamos que la elección consistía en enviar *un representante al Parlamento* de Madrid, a un lugar donde se habla de cosas que no nos interesan. Pero ahora resulta más bien que ese representante es el *representante del Poder ejecutivo en nuestro distrito*. Él es quien sobre nuestros pueblos hace la lluvia y el buen tiempo. ¡Amigo, esto es cosa seria! El Parlamento, el Poder legislativo, nos trae sin cuidado; pero si yo busco un señor y le prometo "organizar" en el distrito su elección, a cambio de que él ponga a mis órdenes el Poder ejecutivo, con todos sus nombramientos, espórtulas y prebendas, sería el gran negocio. Yo y mis amigos dominaríamos en estos pueblos».

Ahora, pues, va a haber elección; es decir, un grupo de personas en el distrito formarán una «organización electoral». Son ciertos individuos influyentes que han acrecido su influencia (o si no eran por sí influyentes, la han conquistado) por ser los *detentadores del Poder público central* en la localidad. El cuerpo electoral espontáneo sigue no existiendo. Los únicos electores efectivos son las «organizaciones». Esta palabra resume toda la realidad de la vida pública en España durante cincuenta años. (En todos los países, la democracia ha suscitado partidos, y los partidos han tenido que crear organizaciones para ganar electores. Pero nuestras «organizaciones» no ganaban electores, puesto que no los había. Simplemente «ganaban» la elección, fabricándola de la nada).

He aquí que los cuerpos electorales previstos en la Constitución, pero inexistentes, han tenido por fuerza que ser constituidos artificialmente, en forma de «organizaciones». Éstas no eran fuerzas públicas espontáneas y auténticas de que se nutriese el Parlamento, sino que eran el alcalde, el juez, la Guardia civil, los empleados de los Concejos, etcétera; es decir, eran el Poder público mismo en su representación local. Pero ese Poder público –local, atomizado– era, en rigor, el Estado nacional convertido en polvo, disperso y, sobre todo, sometido a voluntades privadas.

De donde resulta que la única forma posible de elección era una seudoelección por medio de las «organizaciones», las cuales, a su vez, eran el Poder ejecutivo mismo, pero detentado fraudulentamente y puesto al servicio de los pequeños intereses locales, de las pasiones de aldea, del chabacano dinamismo moral e intelectual del villorrio.

Esta realidad de la vida pública española se ha llamado «oligarquía y caciquismo». El nombre no era falso; pero sí el sentido con que se emitía. Se entendió que el caciquismo era un abuso de la Constitución, cuando era la única manera de realizar en alguna manera la Constitución. Si intentamos hacer un Estado que emane últimamente de una elección, y resulta que los electores no existen, no cabe otra salida que forjar ficticiamente esos electores, pagando con favores del Estado la faena de esa forja. Gracias a los caciques ha vivido aquel Estado, con la única vida que podía lograr: una vida desvirtuada, consubstancialmente falsificada. La prueba de ello es que, según veremos, en cuanto empezó a faltar el apoyo de los caciques faltó sostén a la Constitución, y ésta se derrumbó. Si no entendemos esto claramente, no habrá manera de situar los problemas políticos españoles en el plano de su verdad.

Las seudoelecciones que se hacían en los distritos rurales –prácticamente, pues, en toda España– no se hacían con vistas al Parlamento, por el cual los pueblos no se han interesado nunca, sino con vistas al Poder ejecutivo, localizándolo, detentándolo, ruralizándolo.

Pero claro es que esto eliminaba de toda posible candidatura a los hombres mejores del país. No digo tampoco que los candidatos fuesen los peores; pero, evidentemente, tenían que tener estas condiciones: ser capaces de entenderse con las bajas y angostas pasiones de los aldeanos, representados por sus caciques; ser capaces de someterse en cuerpo y alma a un ministro, ministrable o ex ministro dueño del Poder público, y ser capaces de poner éste al servicio de aquellas pasiones labriegas. En tales condiciones, sólo por azar podían coincidir en un hombre estas capacidades con elevación moral y estro inteligente. La inmensa mayoría de los parlamentarios tenía que ser gente basta, aventurera e indocta. En aquel régimen, por su esencia misma, bastos eran triunfos. (Claro es que no sólo en aquel régimen).

Dados los términos del problema, no hemos podido obtener cosa mejor al hacer *a priori* nuestro Parlamento. No se hable, pues, de abusos. No hemos tenido para nada que mentar éstos. De los ingredientes que la Constitución de un lado, y el país de otro, nos alargaban, hemos derivado necesariamente el único uso que tenía verosimilitud.

Poniendo, pues, las cosas en su punto mejor, el Parlamento se componía de cincuenta elegidos auténticos y trescientos cincuenta mandatarios del peor localismo.

Parva labor podían hacer aquellos pocos frente a estos muchos. La red de prevaricación constituida que éstos urdían, por fuerza había de arrastrar más o menos a los otros. ¡Y la masa torpe que formaban era nada menos que la institución fundamental del Estado: el Parlamento! ¡Y tenían que discutir y decidir sobre el sumo derecho, sobre los destinos internos y externos de España, sobre el cuerpo todo y el alma toda de la nación, gentes cuya elección dependía del nombramiento de un peatón en el casar serrano o de la concesión de una carretera por el valle del torrentillo! Sobre todo, *en vez de sostener el Parlamento al Poder ejecutivo, nutrirlo de prestigio y dinamismo público, era el Poder ejecutivo quien sostenía a aquél, quien lo creaba y lo alimentaba.*

Por consiguiente, quien al censurar el Parlamento no quiera decir palabras hueras, censure al Parlamento inglés, al Parlamento francés, al Parlamento chino; mejor aún, al Parlamento en general; no pocas de las censuras tendrán pleno sentido. Pero lo que no lo tiene es censurar al Parlamento español, que no ha existido jamás.

Esta institución gigante, el Parlamento «nacional» español, vivía paralizada por los cientos de pequeños distritos rurales. Era Gulliver presa de los liliputienses.

Así, de 1876 a 1900. Pero ahora viene la segunda etapa, la más interesante, donde el mal, llegando a su extremo, provoca una regulación del propio organismo nacional e inicia para quien no sea ciego la trayectoria del porvenir.

5

De 1876 a 1900 la España real choca con la irreal Constitución. La España real significaba el rebosante predominio del ruralismo. La reacción al choque consistió en que poco a poco fueron creándose «organizaciones» en los distritos rurales. Poco a poco. Esto quiere decir que en muchos distritos ni siquiera esa reacción se produjo rápidamente. A estos distritos sin «organizar» se les llamó «cuneros». En ellos seguía no habiendo elecciones. En los «organizados» las había, pero falsas. Es importantísimo que precisemos este término «elección falsificada». Se ha solido llamar «falsa elección» a aquélla en que el Gobierno substraía violentamente los votos que un candidato había, en efecto, conseguido.

Por mi parte estoy dispuesto a ahorcar cualquier palabra, si es conveniente la operación. El lenguaje es materia demasiado infiel para que adscribamos a un vocablo nuestro pensamiento. Pero he tenido varias veces que oponerme a la facilidad con que en nuestro país se declara casi toda cuestión «mera cuestión de palabras». Es mucho menos frecuente de lo que se sospecha que una cuestión sea de palabras y nada más. La palabra es una ampolla de sonido que flota llena de sentido. Si este sentido es erróneo, el uso del vocablo aquel es perjudicial. Así acontece, a mi juicio, con la palabra «falsa elección», según suele emplearse.

En los distritos «organizados» había elección, pero ésta era falsa, aunque el Gobierno no la violentase, aunque no hubiese ni sombra de «pucherazo». («Cunero», «pucherazo» –nótese, como síntoma curioso, el tufo rústico del vocabulario que manejaba aquella política en asunto tan básico para toda la vida del Estado). Porque *aunque votasen sin el menor estorbo todos los electores de un distrito rural, no votaban un representante en el Poder legislativo, sino un agente de favores de Estado, un instrumento para la detentación localista del Poder público nacional.* Esto era lo decisivo, y, por tanto, lo que es preciso destacar. Toda elección rural que no tuviese un carácter de excepción era falsa en su esencia misma, porque no era elección *parlamentaria.* Basta comparar la elección en un pueblo con la elección en Madrid para advertir la radical diferencia de ambos hechos políticos. En Madrid no había ni podía haber «organizaciones», y lo que se pareciese a éstas provenía de inevitable contaminación, bajo la atmósfera creada por las elecciones rurales.

La diferencia, pues, entre los distritos cuneros y los «organizados» era que en aquéllos la elección no costaba nada al Poder público, y en éstos se gastaba mucho; en éstos *se gastaba.* En los «cuneros» era suficiente una orden al gobernador de la provincia para que hiciese diputado a tal señor por tal distrito. En los «organizados», la «organización» exigía constantemente favores de Estado –nombramientos injustos, reparto de contribuciones injusto, carreteras indebidas, dinero para la langosta, etcétera. De donde resulta que donde había elección de hecho padecía más el Estado, se envilecía y debilitaba más, por tener que arrojar a los rurales trozos de su autoridad, de su prestigio, de su Justicia, de su Gracia, de su Hacienda. Por el contrario, los distritos cuneros permitían crear diputados imaginarios, pero gratuitos, sin pérdida del honor público. Eran la holgura, el respiro del Poder ejecutivo, que permitía formar fantasmas de mayorías sin daño inmediato grave para el Estado aquel.

Mientras el número de distritos «organizados» y el de «cuneros» se compensaron pareció marchar la cosa. Había como mayorías, había como partidos, había como Gobiernos. La Constitución llevaba una vida ficticia, que es, al cabo, una forma de vida que no es simplemente nada. Estamos en 1900. No es necesario decir que 1900 representa una fecha convencional. Es indiferente por ahora la precisión cronológica. Sin embargo, va a aparecer en estos estudios reiteradamente confirmado, y por los haces más diversos, el hecho de que con el siglo se inicia en nuestra España una nueva existencia. Probar claramente que esto no es una frase, fijar la mirada del lector sobre grupos de fenómenos en que no suele repararse y que lo demuestran, es una de las innumerables razones que han puesto esta vez la pluma en mi mano con tanta resolución.

Vamos, pues, a imaginar también *a priori* la segunda etapa del choque histórico entre España y su Constitución. Pensar *a priori* es simplemente imaginar posibilidades, se entiende, verosímiles. Y así, pregunto: ¿Qué nueva reacción es posible imaginar en los distritos rurales, según se hallaban hacia 1900? Por lo pronto una, bien que no es nueva cualitativamente: que aumentase con más rápido *tempo* el número de distritos dotados de «organización». Se trata, pues, de una novedad meramente cuantitativa. Sus consecuencias, no obstante, variaron de sustancia, no sólo de magnitud. He aquí la lista de cosas harto positivas que ese simple cambio numérico tenía que acarrear: cuantos más distritos «organizados», menos distritos «cuneros»; por tanto, forzosidad de repartir y dispersar más el Poder público nacional o central en beneficio del peor localismo. Cada nueva elección costaba más a los Gobiernos, que se veían precisados a reducir sus mayorías y pactar más con las minorías. Por su parte, sintiéndose cada vez más necesarias en el régimen, las «organizaciones» locales se mostraban más exigentes, buscaban representantes de más baja condición y arrancaban pedazos mayores al Poder público. Éste, consecuentemente, empezaba a agotar su capacidad de autoridad, de prestigio y de prebendas. Disminuía de tamaño, de rango y de dignidad a ojos vistas. Los Gobiernos, agentes de él, eran, por fuerza, cada vez menos estables, etcétera, etcétera. *La lista no se puede acabar, porque de ese simple cambio cuantitativo tiene que venir, dados los términos del problema, la aniquilación de un Estado y la ruina de una Constitución. De ahí, lector, de ahí.* No hace falta recurrir a explicaciones menos taxativas y más vaporosas. Otros factores que subrayaré a su tiempo han contribuido al proceso disolvente; pero sin aquél no hubiesen deprimido, ni menos desbaratado, el régimen.

La causa de su ruina fue el régimen mismo.

Si ahora tornamos de nuevo a la realidad, hallaremos que también esta vez confirma nuestra imaginación *a priori*. Todos los que han gobernado en los últimos veinte años reconocerán la exactitud del hecho; conforme avanzaba el siglo iba siendo más difícil hacer elecciones, y la dificultad provenía de haber ya en casi todos los distritos «organizaciones» consolidadas; es decir, inveteradas en la retención de Poder público.

Pero sigamos. ¡Venga otra nueva reacción imaginable en el distrito rural! Si resumimos, van hasta ahora tres. *Primera*: la abstención electoral. *Segunda*: creación de «organizaciones» para capturar el Poder central. *Tercera*: multiplicación de los distritos «organizados».

Y ahora llega la *cuarta*:

Hemos visto que la simple multiplicación de las «organizaciones» trae consigo la debilitación extrema del Poder ejecutivo; no posee éste apenas ya qué repartir y no puede hacer efectiva su autoridad, porque la tiene hipotecada en los distritos. Por reciprocidad mecánica, las «organizaciones» se muestran entonces muy exigentes y caen en la cuenta de que son ellas más necesarias al Poder público central que éste, exhausto, lo es ya a ellas. Nótese la situación paradójica, increíble, que se crea: las «organizaciones», estrictamente hablando, eran *fraudulentas colonias del Poder central*; *pero han engordado tanto, que imponen sus condiciones taxativas a aquél*. Se revuelven, pues, contra quien las creó.

Hemos llegado al momento culminante del proceso histórico que empieza en 1876: estamos en la divisoria de las aguas.

Las «organizaciones locales» creadas por Madrid se sienten, de hecho, independientes del Poder central; esto es, de Madrid. Ellas no eran otra cosa que el Poder público hecho cisco, triturado en trescientas cincuenta partículas locales. Una vez repartido así, era inevitable que cada una de estas partículas se dijera: «¡Qué diablo, el Estado soy yo!». Y tenía razón.

Viene, pues, una época de «independencia de los cuerpos electorales». Pero no nos hagamos ilusiones: sabemos que hasta ahora cuerpo electoral quiere decir «organización», y nada más. *Sólo habrá cuerpos electorales auténticos y, por tanto, Parlamento, cuando los rurales se interesen en las cuestiones de la vida pública.* No olvide esto el lector. Va a ser desde mañana nuestro tema substantivo. En el tiempo de que ahora hablo se produjo sólo la independencia de las «organizaciones». Un ejemplo nos va a aclarar suficientemente la situación a que me refiero y que caracteriza esta etapa.

Al iniciarse una nueva legislatura –imaginemos la fecha 1919 ó 1920–, un diputado que durante varias ha representado cierto distrito, va a él y solicita una vez más su elección. Pero he aquí que, con gran sorpresa suya, la «organización» se le revuelve y le dice: «Señor nuestro: Esto se ha acabado. Antes le elegíamos a usted porque usted nos pagaba en Poder público; pero ahora el Poder público somos nosotros. Si usted quiere ser diputado por nuestro distrito, lo único que podemos hacer es venderle íntegro el censo electoral. ¿Cuánto da usted?».

Los que han vivido la política de aquellos años recuerdan bien que, en efecto, fueron casos muy numerosos de este jaez el gran hecho nuevo que apareció en la política española. Siempre han costado ciertas elecciones; pero el dinero representaba en ellas un papel auxiliar; lo que se compraba era el voto individual, y el voto individual era lo que se vendía. Pero ahora se compra y se vende íntegro el censo, puesto en el mercado paladinamente por la «organización» como tal.

No se detenga un segundo el lector en hacer aspavientos ante la faz criminal del hecho, ante lo que tiene de abuso, de simonía y peculado. Yo quisiera habituar a mis lectores a no pensar nunca primero en el abuso, porque eso no lleva a nada. Lo interesante es pensar qué estado de vida pública supone y patentiza ese hecho. Y es evidente que supone la independencia de las «organizaciones», su secesión de Madrid. La venta integral de un censo significa sólo un ejemplo, el más claro y sencillo, de las formas variadísimas que revistió la cuarta reacción de los distritos: la sublevación de las «organizaciones».

Los propios agentes locales de la antigua Constitución –los caciques– han perdido el respeto a Madrid; es decir, al Estado que la capital simboliza. Llega entonces al extremo el desprestigio del Poder público y sus instituciones principales. Vulgarmente se atribuye éste a los abusos cometidos. Pero esto es un error. Se olvida que cualesquiera sean los abusos cometidos por un régimen, si éste es, por otras razones, fuerte, el fenómeno de desprestigio no se produce. Pasa como con los grandes escritores: por muchas canalladas que un autor cometa, si posee verdadera y siempre fresca genialidad, el público no repara en sus vicios, y su prestigio pervive indemne. La razón efectiva, yo diría, con alguna pedantería, la razón *técnica* del susodicho desprestigio político fue que los caciques comenzaron a retirar el hombro de la armazón constitucional. Ésta se había desangrado en beneficio de ellos, y no tenía fuerza para oponérseles.

Aquí termina el análisis del proceso político español en los últimos cincuenta años. Me he atenido a sus términos rigorosos: no he dejado entrar en él factores ajenos a lo estrictamente político. No he hablado de estados de espíritu concomitantes en la sociedad española. Por tanto, he eludido intentar un bosquejo de la historia del alma española durante ese tiempo. En el alma española han acontecido en ese período muchas otras cosas que no son políticas, pero que influyen en la política. Yo las he dejado radicalmente fuera de la consideración. No obstante, ha podido verse que todo lo decisivo en las vicisitudes del Estado en cuanto Régimen, en cuanto Constitución, se aclaraba por la incongruencia de ésta con el país. La posibilidad de prescindir en la explicación de otros factores demuestra que el hecho de esa incongruencia basta y sobra para explicar el fracaso del régimen.

Pero ahora podemos añadir una observación que, a mi juicio, decide del porvenir.

La independencia de las «organizaciones», su rebelión frente a Madrid, no se ha producido exclusivamente por las razones indicadas. Durante veinte, treinta años, las «organizaciones» han operado sobre sus pueblos, han favorecido a unos vecinos, han perseguido a otros. Cuanto mayor Poder arrancaban de Madrid, más favorecían y más perseguían. Esto tenía que provocar lentamente la irritación de los vecinos. La masa campesina, antes indiferente a toda vida pública, comenzaba poco a poco a apasionarse *por razones locales*. Se iniciaba un trasunto de vida pública local, a fuer de tal inaprovechable por sí misma para la política «nacional», pero que ha hecho cobrar conciencia de sí propias a las pequeñas unidades comarcanas y provinciales. A sus movimientos de protesta contra este o el otro abuso se contestaba señalando a la política de Madrid, al centro, como responsable del daño. Y, en efecto, nominalmente era el ministro en Madrid quien ponía su firma bajo las fechorías incubadas por el cacique en el pueblo. Por esta causa, las provincias enteras sintieron una profunda antipatía al régimen «madrileño». En ese ambiente, las «organizaciones» locales acrecieron sus pujos de independencia.

Por vez primera, aunque por causas distintas, aparecían coincidiendo los pueblos y las «organizaciones» en una cosa: *la subversión contra Madrid*.

Éste es el hecho básico de la vida pública española desde 1900 a la fecha. Se ha producido poco a poco, pero todo lo demás que en ese tiempo ha acontecido surgió a consecuencia de él o fue simple anécdota. En él se empolla el futuro de la historia peninsular.

Pero esto ya es cuestión distinta del confrontamiento entre la vieja Constitución y la nación que era. Ahora vamos a ver qué nación nueva germina y qué otra Constitución le corresponde: *Forward!* –«¡Adelante!»–, como dicen los conductores de tranvía en Nueva York.

VII

RESPIRO, REITERACIÓN Y TRÁNSITO

E quindi uscimmo a riveder le stelle

Emergemos de nuevo al haz del presente, volvemos a ver sobre nosotros las constelaciones. Estos cinco artículos sobre «La Constitución y la nación» han puesto a prueba la capacidad de ascetismo en el lector y en mí. Pero estas penalidades sufridas durante el análisis retrospectivo de la política española nos sirven precisamente como garantía y demostración de que estamos resueltos a aceptar la ascética faena –el estudio riguroso y minucioso– siempre que sea necesaria. Más de una vez, en el transcurso de este ensayo, acaecerá que, como Dante, caemos por escotillón en un giro subterráneo donde en vez de avanzar caminamos lentamente hacia atrás, obligados a dibujar los perfiles de *la perduta gente*. El ascetismo, cuando es necesario, es un deber que aceptamos sin pestañear; pero ni puede ni debe ser un ideal. No tengo fe ninguna en los ascetas de afición. Al contrario: es preciso eludir lo adusto siempre que sea posible y navegar a barlovento de la alegría.

Si no se me exige demasiado, y restringe el lector su expectación a lo que es lícito esperar de mí, descubriré el propósito de estos estudios, que es, nada menos, elaborar un proyecto de organización nacional en todos los órdenes, lados, caras y círculos de la existencia española. El asunto no puede ser más serio y solemne. Pero yo no veo por qué no hemos de ejecutarlo alegremente. Es más: uno de los afanes que aquel propósito integral incluye es el de organizar la alegría española, la cual, con grave daño para nuestra historia, no ha sido nunca tomada en serio. Es preciso intentar que pronto las espadañas de los pueblos, cualquiera que sea su tañido, suenen siempre a campanas de Resurrección, y si fuera a *claxon* pascual, mejor todavía. Basta para ello con que resolvamos ver las cosas a la vez en grande y en exacto; con que impongamos en derredor un vigoroso imperativo de magnanimidad, y despertemos del sonambulismo aldeano y pequeñoburgués que ha paralizado nuestra vida colectiva. Tomemos la necedad dondequiera se encuentre, y retorzamos su pescuezo. Procuremos que la pusilanimidad, la pequeñez, sea aún menor, anulándola. Hagamos lo contrario de lo que se ha hecho en cincuenta años, que era, no más, cazurramente, aldeanamente, *vulpinari cum vulpibus*: zorrear con los zorros.

Pero ahora, vueltos a la luz del día tras nuestra excursión subterránea por el pasado, necesitamos enhebrar otra vez el camino, reanudar el itinerario; por tanto, reiterar.

Se trata de armar una política cuyo contenido sea una perspectiva histórica; de fletar nuevamente para alta mar la nao hispana. Es preciso que nuestro pueblo vuelva a hacer historia. Pero hacer historia no ha de entenderse, folletinescamente, como un hacer escenas fuera de sí mismo –guerras, exploraciones, colonizaciones. Todo esto es, o consecuencia, o síntoma o *mise en scène* del verdadero hacer historia, que consiste, simplemente, en que un pueblo se haga y construya a sí mismo, se incorpore y organice. Con eso basta; con ser y estar ahí firme sobre el mundo, ya está haciendo magníficamente historia. Los demás no tienen más remedio que contar con él.

Pero el aspecto concreto e inmediato con que se presenta a nuestros ojos de hoy esa orden de hacerse España a sí misma es el mejoramiento del español medio, su conversión en un tipo de hombre apto para afirmarse sobre el actual nivel de la existencia humana –la cual existencia humana es siempre, y a la par, convivencia y combate. Ahora bien: el español medio está en las provincias. Por consiguiente, la política tiene que comenzar por ser política de las provincias, organización de las provincias.

De ellas va a renacer España. En ellas es forzoso alumbrar la mayor porción de energías necesarias para la obra gigante. Nuestra política es de fe en las provincias, por la sencilla razón de que ellas son la realidad española.

Pero esta fe necesitaba ser razonada y demostrada. Si para los efectos del futuro y la esperanza nos parecen las provincias la verdadera realidad de nuestra nación, por fuerza tienen que haberlo sido también en el pasado. Una realidad tan primordial no puede haber surgido hoy: tiene que haber sido también la realidad de ayer. De aquí que fuese inevitable mostrar con algún rigor cómo en los últimos cincuenta años, bajo la presunción de un Estado «nacional», se impuso la realidad de la provincia con su intonso ruralismo. Al flamante Parlamento cortado al gusto francés e inglés le salió pronto el pelo de la dehesa.

Hemos visto cómo frente a una Constitución «madrileñista», donde la vida local no tenía alojamiento, respondió ésta haciendo prisionera a la institución básica –las Cortes–, ligándola con innumerables hilos a los distritos rurales y repartiéndose por este medio el Poder público; es decir, localizándolo, supeditándolo a las torpes y angostas pasiones del villorrio, a su minúsculo horizonte intelectual y moral. La realidad se venga cuando no se la acepta y reconoce. Por no contar con las provincias, el peor localismo, el provincianismo, dominó todo: las provincias mismas, la «nación» y el Estado.

De aquí el sabor provinciano, la chabacanería que saturó la vida española de esa época. Lejos de influir sobre la periferia las clases abstractas de Madrid –burocracia, intelectuales, industriales–, aconteció lo inverso. La rusticidad, en sus peores manifestaciones, anegó el alma colectiva. No sólo en política, sino en todo lo demás. Ni se detuvo a las puertas de Madrid. Este peor localismo es el espíritu de la gleba en su aspecto primario e impoluto, es lo que los árabes llaman lo «baladí», esto es, lo del país, lo indígena de cada trozo de tierra, lo vegetal y cabrío que el terruño espontáneamente pare. En Madrid, donde hay calles y el surco y el arado no pueden existir, lo local es la plebe urbana, el aldeón carpetovetónico que sirve de base autóctona a la capital. Y es curioso recordar que en aquella época se produjo el triunfo de la *chulería*. El *chulo* es el rural madrileño. Pues bien; en vez de influir las clases abstractas sobre el chulo doméstico, acaeció el caso increíble de que fuese el chulo quien daba el tono a la vida madrileña, imponiendo hasta su léxico. Durante veinte años, la conversación de las altas clases directoras arrastró todo el vocabulario soez y el crudo barroquismo de la plebe madrileña. Los *aristócratas* o hablaban en francés o hablaban en chulo, y, por muy alto que se subiese, la dicción plebeya, en marea viva, salpicaba el diálogo.

El empedernido meditador sobre España que era ya entonces el autor de estos artículos –durante veinte años tachado de extranjerismo por la imbecilidad imperante– se ocupó más de una vez en merodear alrededor de las casas donde moraban los grandes políticos del tiempo. Y le sorprendía la frecuencia con que de la mansión salían o en ella entraban bandadas de rurales con sus chambergos y bragas o sus trajes rígidos a lo Mingo Revulgo:

> *¡Ay, Mingo Revulgo, Mingo!*
> *¡Ay, Mingo Revulgo, hao!*
> *¿Do está tu sayo de blao*
> *y tu capa de Domingo?*

Eran las «organizaciones» dueñas efectivas del Poder público, que con la cazurrería genial del aldeano venían a recibir órdenes del gobernante a quien de hecho ellas gobernaban. La estampa simboliza perfectamente la realidad política de aquella edad –Madrid anegado en ruralismo.

Éstos son, sin embargo, nimios detalles que no influyen en la política, que, al contrario, muestran la influencia de la política en las otras esferas de la vida, incluso en la privada o en el aspecto de la urbe. Yo quisiera, por el pronto, ocuparme exclusivamente de la organización política de España, eliminando con decisión cuanto no la afecte de manera inmediata. Sólo así obtendremos alguna claridad sobre los problemas de nuestra vida pública, y una vez resueltos podrá vacar la reflexión a otras zonas de la existencia nacional que no son lo político y no es menos urgente organizar. Pero convenía, por excepción, mostrar en un detalle la inexorable solidaridad entre la política y todo lo demás, que un forzoso ascetismo nos obliga a desatender. Ya llegará un día en que nos venguemos también de este ascetismo. Todo ascetismo, precisamente porque es necesario, reclama venganza. Éste es el hondo, el excelente sentido que tiene el día de fiesta: no pasivo descanso del trabajo semanal, sino activa venganza del odio contra el negocio. Fiesta no es reposo; al contrario: máxima agilidad, danza y tropel, momentánea suspensión de ascetismos. Toda fiesta es Carnaval, o, dicho de otro modo: lo que hay de fiesta auténtica en toda fiesta es lo que haya en ella de Carnaval. (Esto es lo que no ha visto nunca el Protestantismo, y con superior perspicacia ha visto el Catolicismo, haciendo la vista gorda sobre Carnestolendas). Naturalmente, nosotros reorganizaremos el sentido festival de la vida, rehabilitaremos el maravilloso Carnaval frente a sórdidas concepciones calvinistas.

¿Cómo reacciona el lector ante esto? Lo he dicho para tomar su pulso. ¿Qué, no le parece serio? En cambio, los cinco artículos sobre «La Constitución y la nación» le parecieron cosa más seria. Pues lo siento vivamente; pero yo considero lo uno tan formal como lo otro. Si no llevase prisa escribiría otros cinco artículos compactos sobre la rehabilitación del Carnaval, y, en general, de la Festividad, donde se demostraría una verdad histórica sobremanera elemental: que ningún pueblo se ha hecho jamás sin grandes fiestas, que la fiesta tiene un formidable poder socializador, nacionalizador. Resueltos a que España sea una nación, a que sea esa realidad imponente que es ser una nación, necesitamos emplear todos los medios, los seis días laborables y también las fiestas de guardar.

(La seriedad de un escritor debe residir en lo que diga, no en el gesto con que lo diga. Quien a la expresión de sus ideas añada ademanes solemnes o pedantes es que no está seguro de la solidez de aquéllas, y procura ampararlas con una patética careta. Es preciso acostumbrar al lector español a que juzgue de los escritores por la evidencia de sus pensamientos; por tanto, después de repensar éstos hasta el fondo, y no mirando la cara o la careta del autor).

Pero ahora estamos en plena jornada de trabajo y recordábamos que durante años y años ha vivido España sumergida en el más atroz provincianismo. ¿Cómo –se dirá– habiendo sido éste el mal podrá de la provincia salir el bien? El bien, como el mal, emanan sólo de la realidad. Sólo podemos esperar un bien, si no somos ilusos, del mismo poder que puede traernos el mal –la realidad en torno. Yo espero el bien futuro para España de las provincias, porque éstas son, queramos o no, España. Por su realidad inevitable, no por su bondad discutible, tengo fe en ellas.

La política se diferencia del utopismo en que parte de la realidad dada –sea buena o sea mala. Este abrazo sincero a la realidad, mediante el cual se la toma en vilo para reformarla, es la generosidad del político, que garantiza su eficiencia y fertilidad.

Nos encontramos con una España ahogada en provincianismo. ¡Admirable! ¡Manos a la obra! Hagamos que ese *provincianismo*, con una mínima reforma, se convierta automáticamente en *provincialismo*, y que éste se

111

integre en un soberano *nacionalismo*, en una verdadera *nación*, que nada de sí misma se deje fuera, que tome posesión de toda su interior riqueza. Éste es el programa de los artículos siguientes.

VIII

PROVINCIANISMO Y PROVINCIALISMO

1

Cuando el historiador corta un trozo, mayor o menor, de tiempo y nos lo presenta como *una época*, da a entender que los innumerables acontecimientos de ese período tienen una nota común, y que esa nota común es la causa o raíz de todos aquellos acontecimientos, en apariencia tan distintos los unos de los otros. En este sentido sostengo muy formalmente la tesis de que cuanto ha pasado en la vida pública española de 1900 a la fecha se reduce a un solo hecho radical y constante: la sublevación de las provincias contra Madrid. Esto es lo único que verdaderamente ha pasado en España como cuerpo político durante esa época; lo demás ha pasado anecdóticamente y no tiene importancia.

En un cuarto de siglo se acumula ya un espesor de sucesos bastante para que el conjunto adquiera corporeidad histórica, forme organismo y posea fisonomía. Quiero decir que ese volumen de acontecimientos requiere por nuestra parte una definición histórica, y que no podemos seguir hablando de él como se habla de las cosas del día, de la situación que es aún presente. Con el presente vivimos en lucha, y no nos queda, de ordinario, serenidad para contemplarlo y entenderlo. Baste recordar que el presente se compone de nosotros y de nuestros enemigos, y no es cosa de que mientras luchamos con ellos se nos pida que les demos su parte de razón, que los entendamos. Por eso es justo que se permita a la política militante cierta dosis de ceguera y el uso de algunos conceptos y tópicos que, en rigor, son falsos. Lo que no parece aceptable es que esas ideas inexactas, sugeridas por la lucha y para la lucha, sean tomadas en serio cuando se trata de explicar, de aclarar el pasado.

Voy con esto a lo siguiente: cuando en artículos anteriores describía yo la decadencia de la Constitución, el derrumbamiento del Estado forjado en 1876-1890, explicaba la debilitación y disolución progresivas de los grandes partidos por la independencia, también progresiva, de las «organizaciones» locales. Los caciques, en quienes la Constitución había tenido por fuerza que apoyarse, iban retirando el hombro de so el imaginario artefacto. Pues bien; estoy seguro de que si me ha leído algún político de la vieja escuela habrá sonreído desdeñosamente. Porque él posee la auténtica explicación de aquel desbarajuste en los partidos. No es que los caciques se insubordinasen o acreciesen sus exigencias. Se trata de otra cosa mucho más sencilla y concreta. El viejo político sonríe, complacido en su superior sabiduría, sintiéndose dueño del secreto. Como dice un poeta, pone la cara de quien posee el verdadero ornitorrinco.

Y, sin embargo, se trata del más notorio secreto. Nadie, ni siquiera el autor de estos artículos, ignora que durante esa etapa se hizo todo lo posible por deshacer los grandes partidos. La cosa es tan conocida, que ni es necesario, para que el lector anónimo lo entienda, denominar con todas sus letras la actuación a que aludimos. ¿Cómo es que yo, al explicar aquel proceso de disolución, la he olvidado? Evidentemente, no por falta de memoria, sino porque me parece una tontería, y pensar como escribir, es el intento, generalmente vano, de evitar las tonterías. Es un hecho cierto que intervenciones desacertadas han trabajado fervorosamente en la triste obra de disolver los grandes partidos; que ha existido la decidida voluntad de descomponerlos y dislocarlos. Pero la reflexión más simple evitará elevar actuación tal al rango de causa en la disolución de los partidos. Es evidente que para destruir un partido no basta que alguien quiera; es menester que el partido se deje destruir, que sea de materia suficientemente blanda y dócil para que el disolvente opere sobre él. Si los partidos hubiesen poseído realidad y vigor algunos, la voluntad de deshacerlos se habría estrellado contra su solidez. Exijamos aún menos: si los partidos no se hubieran disuelto por sí mismos, por su propia inanidad, habríamos asistido siquiera a la escena de su lucha por subsistir frente al poder que los iba atomizando. Ahora bien: de esto no hay rastro en los últimos veinticinco años. Ni los partidos ni la opinión pública que *debía* haber tras ellos han intentado defenderse. A estas alturas, cuando se ha visto la pavorosa ausencia de raíces que aquellos partidos de gobierno tenían en el país, explicar su ruina por la intervención de cierto poder es una ingenua interpretación mágica.

Con esto pretendo eliminar una idea grotesca, torpe, que intercepta la visión de lo real. *No pretendo, en cambio, exculpar aquellas intervenciones. Todo lo contrario.* Bajo ese sincero deseo de extirpar una idea falsa late la protesta indignada de español ante la suposición de que un hecho tan importante en la vida nacional como es la disolución de su política pueda ni imaginarse causado por un poder individual, como en la Persia de Ciro o en la Mongolia de Kublai-Khan. Si yo creyese tal cosa, no podría mover la pluma en dirección hacia temas nacionales. Daría por inexistente e imposible toda vida nacional española. Me ahogaría en pesimismo absoluto. Pero veo que tal idea es falsa, y que no sólo en el deseo, sino en la realidad, existe una vida nacional española que lleva su camino peculiar –distinto del de otros pueblos, más difícil de definir que el de ellos–, pero que creo, a la postre, percibir con toda claridad. Por esta razón me revuelvo contra aquella interpretación de un cuarto de siglo español envilecedora, trivial, y abomino de que se maleduque a mis compatriotas queriendo hacerles creer que de sus destinos son la causa otros poderes que no son ellos mismos. Eso es falso, de plenaria falsedad: de todo lo importante que pasa en España –bueno o malo– tienen la gloria o la culpa los españoles mismos, y es preciso habituarlos a lo contrario que aquella explicación implica; es preciso habituarlos a que ni para mal ni para bien concedan gran importancia a poderes que son tan secundarios y accidentales, si se los compara con la nación entera, con la realidad de todos los españoles y su obscuro, lento, pero intransferible destino histórico.

Reclamo, pues, contra todos esos pensamientos ridículos emanados de la miope ideología que se usaba en las tertulias de la antigua política, y que no son compatibles con el nivel intelectual de las generaciones predestinadas a dirigir la nueva España.

Los hechos esenciales son éstos: de 1900 a la fecha no se registra en nuestro país un solo movimiento de la masa pública a favor de los partidos gobernantes, y, en cambio, se producen una serie de movimientos en contra de ellos. Pocos o muchos, vigorosos o débiles, los encrespamientos de opinión que en esa etapa han acaecido batieron todos contra Madrid y su política. He aquí la lista de los principales: hacia 1900, vago temblor en toda el alma peninsular que responde a la palabra «Regeneración». Silvela tiene que recoger el vocablo y reconoce la necesidad de reformar la política madrileña. Poco después, en forma más precisa, aparece ya la protesta de la provincia desde la provincia como tal: Unión Nacional; se proclama la resistencia al pago de los tributos; los dos Dioscuros provinciales, Costa y Paraíso, el león y la vulpeja, amenazan a Madrid. Luego, la Solidaridad Catalana. Más tarde, el *maurismo*. Llegamos a 1914. Se suspende durante unos años la política, mientras la gran guerra fustiga sin piedad a medio planeta. Durante un par de años después del armisticio se entrega España a la delicia equívoca de haberse enriquecido con la conflagración de los demás. Apenas vuelve a cursar la vida pública, en 1923, se produce el golpe de Estado.

Éstos son, que yo sepa, los únicos movimientos públicos de alguna importancia y calado que han sobrevenido en nuestra nación durante el primer cuarto del siglo. (Sólo otros dos hechos podrían ostentar algún título para que se los agregase a la lista anterior: uno es la convulsión revolucionaria –enérgica, pero espasmódica y momentánea– que provocaron los desastres militares de 1909. No cabe desconocer que fue aquélla una manifestación del ánimo público auténtica y honda; pero significaba una reacción puramente afectiva ante un hecho muy determinado: fue una sacudida refleja, no un movimiento político. Porque fue sólo esto, pasó sin dejar rastro en el proceso de nuestra vida pública. En vez de acrecentarse, los pequeños equipos revolucionarios fueron perdiendo desde entonces la escasa fuerza política de que disponían, y ni siquiera la victoria del sovietismo, que en todo el mundo recalentó por unas horas las calderas radicales, permitió la creación de organizaciones poderosas.

El otro hecho importante que no he incluido es la subversión de las Juntas de defensa militares, en 1917. Hecho tan insólito en todo país de Occidente requiere consideración aparte. Pero ya veremos cómo su faceta decisiva se articula en aquel proceso general de levantamiento contra la política madrileña).

No es dudoso para nadie que la ráfaga de «Regeneración» representa como una primera y tenue protesta de la provincia contra los usos de un Estado urdido en Madrid. La Unión Nacional, que recogió la corriente regeneradora, llegó pronto a la fórmula iracunda y rebelde. La Solidaridad dio con su regionalismo la primera expresión, no muy afortunada, del requerimiento a la capital. Menos patente o reconocido es que tanto el *maurismo* como el *golpe de Estado* han debido toda su realidad –cuya cuantía no discuto ahora– a lo que en ambos impulsos había de subversión provincial.

La acción política de Maura tenía dos dimensiones: una, positiva, el afán de reformar el Estado; otra, negativa, la denuncia de los usos políticos constituidos, la hostilización a toda la fauna gobernante. Maura no consiguió reunir bajo su bandera un partido suficientemente numeroso para poder ganar la áspera batalla en que se metía. Pero nadie negará que su persona despertó una adhesión difusa en área muy dilatada. Pues bien: la mayor porción de esa simpatía fluyó hacia Maura desde las provincias. En Madrid no consiguió nunca efectiva re-

119

sonancia. Se desconfiaba de él, se le tenía por iluso. Ni la burocracia desde sus alturas, ni los intelectuales, ni los financieroindustriales quisieron embarcarse en su bajel de aventura. En cambio, las clases superiores y medias de la provincia repetían con fruición la letanía de denuestos que Maura dirigía a los políticos. Lo único de su obra que prendió en su tiempo fue su propaganda contra la «mancomunidad gobernante»; es decir, contra Madrid. La provincia le acompañaba en su gesto de negación; por el contrario, cuando se volvió a ella para que activamente apoyase a su Gobierno –a su obra positiva–, la provincia le abandonó.

El caso del *maurismo* en cuanto hecho de la vida pública –no me refiero a las ideas que en la mente de Maura y de sus próximos existían– es un ejemplo claro de la única realidad política que en los últimos veinticinco años ha habido en España. Se dirá que es poca cosa, y se dirá una verdad. Pero, poca o mucha, no ha habido otra. Se ha podido contar con la masa nacional inorgánica, con la provincia, siempre que alguien quisiera negar a Madrid –es decir, a la política imperante; es decir, al Estado constituido. Sólo esta opinión negativa –de la periferia nacional contra el centro, de la localidad contra la «nación» abstracta– llenaba la atmósfera. No recuerdo, en cambio, que durante esa época ningún grupo nacional se haya puesto en pie para defender aquel Estado. Quedó éste indefenso, solitario, sin fervor de nadie en torno, escarnecido, vilipendiado, a merced de un transeúnte. Hecho tal no puede producirse sin profundas razones, y en los artículos anteriores hemos descrito cuáles son.

Pero, si se ha podido contar con la negación de la capital por la provincia, nadie ha podido hasta ahora alumbrar hontanares de opinión afirmativa y creadora. Es que, en efecto, la realidad era y es aún sólo ésa: sublevación contra Madrid, localismo irritado que no sabe lo que quiere, que sólo sabe lo que no quiere.

Sin embargo, yo creo firmemente que ahí está la fuerza histórica de donde va a renacer nuestra nación. El porvenir de España está en que se acierte a cambiar el signo de esa energía única y comprenda la provincia que bajo su negación de Madrid late una voluntad más sustanciosa y noble: la de afirmarse a sí misma.

2

Hemos visto que en los últimos veinticinco años no se hace, políticamente, en España otra cosa positiva que una cosa negativa: hablar mal de Madrid, de la capital; es decir, del Estado u organización política que ella simboliza. Hora es ya de que se cambie el disco. Y este cambio no puede consistir en que la provincia se dedique ahora a afirmar ese Estado que con tanta insistencia negaba y aborrecía. Aquel Estado ha aparecido bajo nuestro análisis como cosa indefendible en su propia esencia. El cambio deseable consiste en que la provincia, después de haber destruido con su hostilidad o inasistencia el viejo edificio, se dé cuenta de que, en efecto, es ella quien ha ejecutado esa destrucción; por tanto, que es ella la única realidad enérgica existente en España, y que ya nada tiene frente a sí que la estorbe y que justifique su movimiento de negación. Con otras palabras: es preciso que la provincia comience a afirmarse a sí misma, a tener la creadora voluntad de ser, de crecer, de mejorar, dignificarse y enriquecerse. De hoy en adelante, nadie en la villa o en la aldea podrá repetir con verdad que de los males locales tienen la culpa el Estado «madrileño», los políticos, el Parlamento, etcétera. Nada de esto existe ya. Por tanto, queda declarado cesante todo derecho a su negación. Tal y como están las cosas, se halla obligado el hombre de la provincia a dejar de ser el provinciano tosco y rencoroso que era y a sentir el orgullo de ser provincial; es decir, de tener inmediatamente bajo su mano las magníficas posibilidades de su comarca, una gran tarea a realizar con ellas y sobre ellas.

Hemos advertido una y otra vez que ese hombre de provincias es el español medio, de quien el futuro nacional depende. Y es evidente que si se consigue movilizarlo para que tome con resolución en su propia mano la responsabilidad de su propia vida local, habremos convertido al personaje inerte, rutinario, torpe, que era, en una criatura activa, ambiciosa, emprendedora e inquieta. El tono de la existencia media habrá cambiado. En cada rincón de España aumentará el pulso vital, en cada jornada acontecerán más cosas, habrá más obras, más proyectos, más amores, más odios. Y tal intensificación de la vida producirá automáticamente un afinamiento de las cabezas.

Cuando el político ha pensado que lograr esto es lo primero y más esencial que hoy puede hacerse en España, que esto es el más próximo *desiderátum*, no ha empezado, en rigor, a hacer nada. Porque él lo desee no va a acontecer mágicamente. Su obra de político comienza cuando busca los medios de Estado para que eso no sólo pueda ser, sino tenga por fuerza que ser. Esos medios de Estado son –ni más ni menos– las instituciones. De esta manera puede formularse en giro riguroso el primer problema grande de la política española: ¿qué instituciones es preciso inventar para que, puestas como una máquina sobre la vida provincial, provoquen por sí mismas esa intensificación y dignificación del hombre medio español?

Decir esto no implica en manera alguna la ingenua creencia de que para obtener aquel resultado *baste* con la actuación mecánica de ciertas instituciones. Pero ahora se trata, precisamente, de definir con exclusivismo la porción que en ese mejoramiento del tipo español puede corresponder a la política como tal. Y la política no es, por lo pronto, pedagogía ni apostolado, sino, estrictamente, acción del Estado, organización y funcionamiento de instituciones. Éstas son mecanismos sociales de incomparable tamaño y eficacia. Si su influjo padece la limitación aneja a todo lo que es puramente mecánico, tienen, en cambio, la ventaja de eso mismo: de actuar mecánicamente, constantes, rigorosas, inevitables, imponiendo las tendencias sociales que en ellas van preconcebidas, sin que su influjo dependa de impondera-bles caprichosos y etéreos.

Pero yo deseo que nos representemos la cuestión con mayor proximidad y evidencia. He calificado de rural al hombre medio de España, cuya reforma parece impres-cindible si queremos en serio hacer una nación. Con esto le hemos dado un nombre sociológico. Le hemos denominado por su oficio u ocupación habitual. Como no se trata ahora de individuos excepcionales, sino, por el contrario, de las grandes masas españolas, las diferen-cias individuales se anulan unas a otras y queda señero y decisivo el carácter del oficio modelando la existencia de los hombres. El oficio u ocupación habitual resume con rigor y sin vaguedad la vida efectiva y concreta.

España es, pues, rural. Lo es en su rebosante mayoría. Hemos dejado fuera de la consideración las tres o cuatro grandes ciudades provinciales. En el resto del país, la in-dustria es escasa y módico el comercio. Al decir esto no tiendo a escatimar la cuantía de lo que en España no es ruralismo. Cuanto mayor sea, mejor. Pero es evidente que predomina en forma aplastante el labriego, pobre o rico, peón o propietario. Como él representa el tipo de español más necesitado de reforma si se quiere hacer una nación, es lo importante plantear con él el problema, dándole su forma extrema. Y es claro que si logramos mejorar esa forma extrema de español, todo lo demás se nos dará por añadidura. No hay, pues, intención alguna de menoscabar, olvidándolas, las otras realidades espa-ñolas superiores al labrieguismo.

Pero ¿qué es ruralismo? ¿Se pretende que España deje de ser «una nación eminentemente agrícola»? En manera alguna. Sólo que ruralismo no es, sin más ni más, agricultura. Estados Unidos y Australia son también eminentemente agrícolas, y, sin embargo, desconocen el ruralismo. Éste no consiste simplemente en que el hombre cultive el campo. En aquellos países, la agricultura se ha elevado a explotación *industrial* de la tierra. El cultivo del campo pierde así su carácter específico y significa tan sólo una modalidad del *espíritu industrial*. Ahora bien: el espíritu industrial es lo contrario del espíritu rural. El industrialismo supone un tipo de hombre despegado del terruño, incluso cuando lo cultiva; un tipo de hombre preocupado de la técnica material; por tanto, de la ciencia; preocupado de la técnica económica y, al través de ella, de la técnica social, política, etcétera. Este tipo de hombre, por su mismo oficio, tiende a la dilatación de la esfera de sus preocupaciones, hasta el punto de que él ha sido quien ha creado el «mundo», el «mundialismo», como efectiva unidad planetaria de convivencia.

El espíritu rural, opuestamente, mantiene al hombre pegado a su gleba, orgánicamente adscrito a ella, como un elemento del paisaje. Tiende a hacerle perseverar en su estrecho círculo vital, a que haga mañana lo que ha hecho hoy. Vive el labriego por tradición, por impulso ancestral, sin ser dueño de sí mismo mediante la reflexión, repitiendo hoy sonambúlicamente lo que hicieron sus padres y abuelos. Nada induce a este hombre para que ensanche su horizonte, para que se trabe en acciones y reacciones con algo distante, para que sienta nuevos apetitos, para que acometa empresas. El rural es, por esencia, el hombre históricamente inactivo. No sabe de «nación» ni de «Estado» más que negativamente: cuando le cobran los tributos o cuando ve entrar por sus mieses soldados de una lengua extranjera. De todo esto, lo más importante para nosotros es la angostura e inmutabilidad de su horizonte vital. La villa labriega vive sumida en sí misma; la aldea reduce el repertorio de sus ideas, pasiones y afanes al radio de sus pegujales. En suma: el ruralismo o espíritu rural sólo conoce una vida local, en el sentido más exagerado del término.

Con esto nos libertamos de una idea sociológica –el ruralismo– y la substituimos por una idea propiamente política: el localismo extremo. Así es como aparece concretamente ante la reflexión del político la realidad española. En España no hay *predominantemente* más que la vida local; lo demás tiene una realidad vaga o excepcional, o, a su vez, problemática.

Ahora bien: esa vida local que hay, tiene un carácter extremo. Quiero decir que es localísima, de radio para cada hombre superlativamente corto. A esta pequeñez cuantitativa de radio corresponde una miseria cualitativa de contenido –ideas, afanes, ímpetus. Es decir, que esa vida local es muy local y muy poca vida.

Sobre este punto no conviene hacerse ilusiones. Al revés, yo creo preferible que erremos por exageración. De esta suerte acertaremos más. Nuestra vida local significa que hay poca vitalidad y que la que hay lleva a una existencia desintegrada, no nacional.

Así llegamos a lo que desde hace muchos años constituye para mí una obsesión, y que el lector, después de meditar a fondo el tema, tiene perfecto derecho a considerar como una manía de este insistente escritor. Llegamos, en efecto, al verdadero enunciado del problema político primario, subterráneo, que el porvenir de nuestro país nos impone: ¿cómo de una España donde prácticamente sólo hay vida local = vida no nacional, podemos hacer una España nacional?

Se dirá que esto es una contradicción. Pero es que todo auténtico problema consiste en una contradicción. La mente se encuentra con dos ideas antagónicas, mutuamente hostiles, que se muerden como fieras. La solución equivale a una domesticación de esas fieras, a convencerlas de que son incompatibles tan sólo en apariencia, pero que, en verdad, son inseparables. El palo que sumergimos en el agua es a la vista quebrado, y al tacto, recto; es decir, no quebrado. A la vez, ser quebrado y no ser quebrado; ser o no ser: he aquí el problema. *To be or not to be: that is the question*.

La idea de la refracción supera esa dualidad contradictoria y nos enseña que, lejos de ser incompatibles ambas cualidades, precisamente porque es el palo recto al tacto, tiene que ser quebrado a la vista, hasta el punto de que si fuese quebrado a la vista tendría que parecer recto al tacto.

De una España local o no nacional tenemos que hacer una España nacional. Los políticos de 1876-1890 creyeron que esto se lograba desentendiéndose de un cuerno del problema, negando imaginariamente la vida local. Yo quisiera convencer a mis compatriotas de que la auténtica solución consiste precisamente en forjar, por medio del localismo que hay, un magnífico nacionalismo que no hay.

3

No solamente creo que de los problemas españoles cabe una solución, sino que cabe una solución elegante. Es elegante una solución cuando, en vez de deplorar la dificultad que engendra el problema, en vez de querer esquivarla, se va a ella en derechura, se la agarra con vigor y de ella, precisamente de ella, se saca la solución. Así, es elegante la solución que a los problemas físicos da la teoría de la relatividad. La dificultad con que tropezaba siempre un conocimiento físico absoluto era la relatividad de todas nuestras medidas. Pues bien: Einstein ha demostrado que, gracias a la relatividad de toda medida, la física tiene un valor absoluto. Parejamente, la aviación resuelve en forma elegante el problema de elevarse y caminar en el espacio, *a pesar de la resistencia* del aire, haciendo *de esta resistencia* punto de apoyo para la sustentación y el avance.

Lo mismo hemos de hacer en política. En vez de lamentar elegíacamente que España sea como ahora es, abracemos esa realidad con regocijo y obliguémosla a que por sí misma cambie y mejore. Es evidente que la mejora de España no la puede hacer más que ella misma. El lema de Cavour, «*Italia farà da se*», me parece el postulado de toda política nacional. Lo demás es utopismo. Hay que partir de lo que encontramos ante nosotros, sea lo que sea, mejor o peor, e inducirlo a que por sí mismo se regule y transforme. La política no puede ser nunca elucubración abstracta. El mejor discípulo de Aristóteles, el claro Teofrasto, dejó un libro, hoy perdido, del que sólo conocemos el bello título flotante: *Politiké pros tous kairous* –es decir, en versión literal, política de oportunidad. No hay más política que la de oportunidad. Los griegos, siempre agudos, hicieron del *Kairos*, de lo oportuno, un dios. A veces se trata de una gran oportunidad, del momento feliz, de la hora más fecunda. Así hoy en España. Vamos a hacerla mejor. Al que no sabe nadar, enseñarle a nadar es mejorarlo; pero enseñarlo a nadar es echarlo al agua, a fin de que él, por sí mismo, nade.

La dificultad para hacer de España una nación es su extremo localismo, que, a despecho de ciertas apariencias, más tristes que la realidad misma, la mantiene en perfecta disociación. Nosotros quisiéramos hacer de España algo así como una bola de billar: perfecta, redonda, pulida y, lo que importa más, compacta, elástica, capaz de vibrar entera y brincar ágil bajo la menor presión. Necesitamos esto porque el tiempo que viene es grave y nos será menester tirar algunas delicadas carambolas históricas. Necesitamos una España *ad hoc* –para este tiempo que viene. La España del pasado no debe interesar nada a los españoles actuales. Nada de fácil y estéril patriotismo del pasado, nada de seguir retumbando verbalmente las hazañas del pretérito, que, a lo menos, nos distraen de premeditar nuestras hazañas propias, las que tenemos que preparar y que urdir. Las glorias del pasado español son, cuando menos, insuficientes, puesto que no han impedido nuestra ruina. Es un deber evitar que el país vuelva la cara a su antaño, en vez de mirar de hito en hito al futuro. Al lema de Teofrasto y al de Cavour agreguemos el de los soldados de Cromwell: «*Vestigia nulla retrorsum*» (Ninguna huella hacia atrás). Para un pueblo como el nuestro, mirar atrás es ya desasirse del presente, iniciar la fuga ominosa. En Otumba y en Lepanto sólo puede pensar el desocupado; es decir, el mal patriota.

Claro es que este mandamiento rige sólo para la gran masa de españoles. Nosotros, los que en una u otra forma pretendemos dirigir al país –en mi caso esta pretensión se reduce estrictamente a dar consejos a mis compatriotas–, tenemos que pagar cara semejante petulancia e imponernos obligaciones dobles, añadiendo a la preocupación por el futuro la reflexión sobre el pasado. Éste va a enseñarnos, por lo menos, qué es lo que no hay que hacer.

Hemos visto que el error radical de la antigua Constitución era suponer aptos a los cuerpos electorales de los pequeños distritos campesinos para interesarse en un Parlamento nacional. Era esto desconocer la cuestión decisiva, a saber: que el localismo extremo en que vive de hecho España no puede aprovecharse *directamente* para fines nacionales. De la vida local extrema no pueden vivir instituciones nacionales. Por eso aquel Estado, que era pura y directa y abstractamente nacional, careció siempre de realidad, no contó nunca con energías sustentadoras. Es preciso que haya afinidad entre una institución y el tipo de vitalidad que ha de nutrirla. No es verosímil que un león se alimente de alpiste como un jilguero.

Entre los antiguos políticos, me parece que sólo Maura vio la urgencia de organizar la vida local. No es interesante ahora fijar hasta qué grado de precisión y plenitud llegó en este punto su pensamiento. Debo decir, sin embargo, que siempre encontré contradictoria la actuación efectiva de Maura: por un lado reconocía la necesidad previa de organizar la vida local; por otro, y al mismo tiempo, reclamaba a grandes voces la asistencia de la «ciudadanía», y aspiraba, no sé por qué, al mágico despertar de la «masa neutra». La masa neutra es, en definitiva, el rural. Pedirle ciudadanía, sin más ni más, era recaer en la abstracción fatal de la antigua política. Porque no hay una sola ciudadanía. El ciudadano, el *civis*, lo es en función de una *civitas*, de un Estado. Hay, pues, tantas ciudadanías diferentes como sean los tipos de Estado. No tiene sentido pedir a las gentes que se interesen por un Estado que no les interesa –éste fue el gran error de 1876–; por el contrario, es menester inventar un Estado que interese a las gentes, y sólo entonces se conseguirá hacer de ellas ciudadanos.

Cuanto se ha dicho siempre sobre la falta de opinión pública (en términos mauristas, de «ciudadanía») en España es, por mitad cuando menos, falso. No se opina sobre lo que no se *siente*. En vez de lamentar que los españoles no *sintiesen* las cuestiones públicas, debió el político suscitar cuestiones públicas que pudiesen ser *sentidas* por la gran masa española, aprontando, a la par, medios para que esa *sensibilidad* no se perdiese, sino, al contrario, se acumulase, perdurase y organizase.

Es el mismo error que si un ingeniero fabrica una turbina a su libérrimo gusto y luego espera que bajo ella, mágicamente, aflore un torrente y la mueva. El pensamiento político tiene que proceder de modo inverso. Primero, buscar bien la vida pública que exista realmente; si su torrente es mínimo, ¡qué le vamos a hacer! No hay otro. Luego debe inventar una turbina, un ingenio o artificio a lo Juanelo, que se ajuste perfectamente a las condiciones de esa vida pública efectiva, procurando que su máquina la recoja sin desperdicio y la multiplique. Después de todo, se trata del refrán sanchopancesco: «En dándote la vaquilla, corre con la soguilla». La antigua política se ha pasado cincuenta años con una soga magnífica en la mano, esperando una vaca gigantesca, que, claro está, no ha llegado nunca, por ser otra la fauna lactífera de nuestros prados.

El único tipo de vida pública que existe normalmente en España es lo que hemos llamado localismo extremo. Esa vida local –el repertorio de ocupaciones y preocupaciones que integran la existencia del hombre medio español– no es directamente aprovechable para una vida nacional. *Naturae non imperatur nisi parendo* –decía Bacon. No se puede mandar a la Naturaleza sino obedeciéndola. Obedezcamos, pues. Separemos resueltamente en la vida pública española la vida local que no es nacional de la vida nacional que no es local. Veamos primero de qué manera conseguimos que la vida local sea lo más vida posible –lo más intensa y rica–, y que, sin perder su carácter local, sea lo más amplia posible; por tanto, lo menos local. De esta manera, por medio del propio localismo, habremos logrado suscitar un tipo de vida pública y de español medio mucho más próximo a la gran vida nacional, menos incapaces para ella. Dicho en otra forma: hay que ir de la pequeña y atómica vida local a una grande y orgánica vida local. Cuando se haya visto lo que es ésta, parecerá cosa obvia y sencilla fundar sobre ella la nación como tal.

Al capítulo sobre organización de la vida local sucederá otro capítulo sobre organización de la vida nacional. La política es un sistema de soluciones a un sistema de problemas. Su acierto residirá en lo que tenga de sistema, de mutuo complemento entre sus partes. Será, pues, un error calificar lo que sigue de política «descentralizadora» –así, sin más ni más. Porque, como veremos, se trata precisamente de extremar las dos dimensiones de la vida pública –la local y la nacional. Si, por una parte, es esta solución mucho más descentralizadora que la tradicional, es por otra mucho más centralizadora, incomparablemente más centralizadora, que ninguna de las pasadas. Para mí, la idea de nación, de nacionalización, es cosa tan grave y exigente, tan suprema y formidable, que, probablemente, causará algún susto a los que ahora van a tacharme de «descentralizador», de «autonomista», etcétera, etcétera.

Vamos primero a organizar la vida local. Organizar algo quiere decir ponerlo en condiciones de que llegue a su máxima potencia, que dé el mayor rendimiento posible dentro de lo que es. Tenemos, pues, que colocar al hombre rural en un aparato de vida pública que le induzca naturalmente y por su propio pie a dilatar su localismo, a ocuparse de más cuestiones públicas, a apasionarse por ellas, a emprender más cosas, a sentir sus derechos, la dignidad de ejercitarlos y la posibilidad de hacerlos respetar.

La verdad es que a esa vida local española, sobre ser tan débil, cuantitativamente, y tan sórdida, cualitativamente, le acaece algo peor: jamás se ha intentado su organización política. A lo sumo, se la ha dotado de una sombra o escrúpulo de organización administrativa. Y la administración, contra lo que se repetía hace veinte años –«menos política y más administración»–, es cosa secundaria y posterior a la política.

Nunca se ha intentado dar a esa existencia local una estructura política.

¿Qué entiendo por estructura política? Me irrita lo vago y confuso de toda expresión. Por estructura política entiendo lo siguiente: ahí está el buen hombre medio español, en su villa o villorrio, sumido en sus habituales

preocupaciones de radio minúsculo. Créese una anatomía pública tal que agarre a ese hombre por esas sus efectivas preocupaciones, y luego, en virtud de su propio
mecanismo, le obligue a complicarse con otros hombres
en afanes un poco más amplios, a luchar y apasionarse,
a alistarse en grupos militantes, a acometer empresas, a
exigir y a ser responsable. ¿Cómo tiene que ser esa anatomía política, esa institución de vida pública que reúna la
doble condición de ser afín con el buen hombre rural y
ser más amplia que él y que el átomo de su villa, de modo
que los lance más allá de sí mismos, que dilate y enri-
quezca su vida interior?

Evidentemente, se trata de encontrar la *unidad política*, el cuerpo de vida colectiva que, siendo local por su
contenido, provoque automáticamente corrientes de vida
pública capaces de movilizar en saludable torbellino
la inercia del rural.

¿Cuál puede ser esta *unidad política*? ¿El Ayuntamiento, la Provincia, la gran comarca?

IX

LA UNIDAD POLÍTICA LOCAL
NO ES EL MUNICIPIO

1

Hay que apuntar un progreso reciente logrado por la conciencia pública española. Cuando en estos últimos años se habla de reforma constitucional, casi todo el mundo se halla pronto a reconocer la necesidad de separar el Poder ejecutivo del legislativo. Esta adquisición es, a mi juicio, certera e importante. Sin embargo, lo más importante de esa doctrina no es ella misma. Lo más importante es que acostumbra a la idea de que a veces, cuando se quiere obtener una unidad vigorosa, hay que llegar a ella por el rodeo de una profunda separación. A primera vista resulta paradójico este pensamiento, y la mente se resiste a él. Pero, una vez que se ha descubierto su buen sentido en el caso de las relaciones entre el Poder ejecutivo y el legislativo, espero yo que quede franca su aplicación a otros.

Y es el otro caso que el porvenir de España depende de otra separación, incomparablemente más importante que la de aquellos Poderes. Toda esta serie de artículos, con su insistencia, su lentitud de paso y su pesadumbre de carga, no se proponía más que preparar el ánimo del lector para que reconozca esta cosa fundamental: la necesidad de separar políticamente la vida local de la vida nacional. Ésta es la obra de más substancia que hoy puede hacerse en España, y es el supuesto rigoroso, imprescindible, fatal para todo lo demás. Sin ello no habrá nada, y cualesquiera sean las otras reformas que se intenten, el Estado español seguirá siendo en lo esencial el mismo Estado ilusorio de los últimos cincuenta años.

El análisis que de la vieja Constitución hicimos no fue inspirado por la impía complacencia de ensañarse en un cadáver. Al contrario: me repugnaba maldecir una vez más de los malos usos pretéritos. Pero era preciso mostrar los hechos de la antigua política en su fórmula más precisa y extrema, a fin de que quedase diamantinamente aislado y químicamente puro el error básico de ella: la fusión y confusión de la vida local con la vida nacional. Éste era el mal radical, y lo demás, todo lo demás, fue sólo la inevitable consecuencia. Ni se dio a lo local lo que se le debía, ni tampoco a lo nacional. Mutuamente se dañaron, trabaron y anularon ambas dimensiones de nuestra vida pública. El Parlamento quedó supeditado a los pequeños distritos rurales, y éstos, para respirar, tenían que usar los pulmones del ministro de la Gobernación.

Necesitamos una Constitución que sea, no solamente real, ajustada a la existencia efectiva de los españoles, sino además que sea una Constitución dinámica; quiero decir que sus instituciones, hundiendo bien las manos en la vida efectiva de nuestro pueblo, la lancen a los espacios históricos, la movilicen, enriquezcan y magnifiquen.

Creemos una potente vida local. Excitemos a los provinciales, tesoro energético aún intacto y sin aprovechar, para que sientan el orgullo y el afán de regir sus propios destinos.

Ahora bien: ¿cuál debe ser la *unidad política*, el organismo de la vida local? Éste es el punto decisivo que reclama todas nuestras potencias de atención y sutileza.

Hoy es la España provincial una materia políticamente amorfa, una pasta humana sin anatomía ni modelado, que, por tanto, no funciona en forma de vida pública. La antigua Constitución trazaba sobre esa masa peninsular líneas superficiales, cutáneas, de división administrativa –ayuntamientos, provincias–, tan inoperantes como los coluros astronómicos o el enrejado de meridianos y paralelos sobre un mapa. La única institución política local que existía era el distrito; pero como este distrito no tenía más función que votar cada tantos o cuantos años un re-

presentante en un remoto y abstracto Parlamento nacional, donde se hablaba de cosas abstrusas, inexistentes
para el provincial, no tuvo nunca realidad. Y como, aun
siendo tan escasa la vitalidad espontánea local, alguna había, tuvo que sacar de sí, por cuenta original y propia, un
tosco esbozo de organización. Es decir: una institución
espontánea e indígena. Ésta fue la famosa «organización» o «caciquismo».

Desde el punto de vista legal, fue el caciquismo un
abuso constituido y permanente. Pero desde el punto de
vista histórico, fue la reacción vital –torpe, bárbara, cru-
da, cuanto se quiera decir, pero viva– a un sistema de leyes inadaptado al tipo español. No puedo estimar el
pensamiento político de quien no haya llegado a percibir la vertiente afirmativa y favorable del caciquismo.
Era morboso porque era la forma violenta de adaptarse
el cuerpo español a un medio legal antihigiénico, noci-
vo, absurdo. Ciertas enfermedades no son más que la
adaptación naturalísima a un medio antinatural. Así, el
bocio, el bocio serrano. El caciquismo fue el bocio localista que le salió a una Constitución antilocal. La imagen podía detallarse más, y sorprendería el paralelismo
metafórico de ambas enfermedades rurales –la somática
y la política. De todas suertes, ese caciquismo, que era
nativa y substancialmente un abuso, fue la única realidad constitucional, el único uso efectivo. Y quien tenga
conciencia de lo difícil que es descubrir la realidad en materia pública, no puede menos de mirar con respeto intelectual a este monstruo del viejo Estado español. El respe-

to intelectual no es otra cosa que la reflexión meditativa y serena sobre un hecho para extraerle su jugo y su secreto.

Nuestra cuestión presente es vislumbrar en la masa políticamente amorfa de la existencia provincial algún perfil orgánico que decida dónde debemos cortar institucionalmente la pasta y plasmarla en unidad viviente. Lo primero que ocurre pensar es atribuir al Ayuntamiento el carácter de unidad política. Siempre que ha habido algún pujo de reforma local se ha partido del Ayuntamiento, viendo en él la célula política de la nación. Todos –derechas e izquierdas– han coincidido en esto. El mismo Maura, que vio más largo que todos en este asunto, funda en la reforma del Concejo su reforma local, si bien no se limita a aquélla. En cuanto a los liberales (por ejemplo, Moret), que han sido siempre en España gente bonachona y atropellada; gente entusiasta, pero sin peso, sin densidad de meditación y, por lo mismo, a merced de todas las brisas, de todos los formalismos intelectuales, tenían puestos sus infecundos amores en el Ayuntamiento. El *Municipio*, el *Concejo*, la *Comuna*, eran palabras eléctricas que descargaban en ellos infinitos orgasmos de voluptuosidad política. Como los liberales eran románticos (vaya dicho sin censura, a fuer sólo de atributo), eran, en rigor, reaccionarios. Les entusiasmaba el pasado, necesitaban su calor, tanto más cuanto que su racionalismo político les vedaba las justas nupcias con la Historia. Por eso aprovechaban con fruición toda coincidencia de azar con el pretérito. Afirmar el Municipio era sentirse romano, era establecer continuidad con los Gracos y con Cicerón, con Augusto y con Trajano, gentes todas de buena compañía. El Concejo era *nuestra* Edad Media y la Comuna reunía en sus corazones a los comuneros de 1500 con los comunistas de 1871.

Todo esto es puro *snobismo* histórico. No se pretenderá que detengamos ahora el carro, ya un mucho tardígrado, de estos artículos para analizar las diferencias radicales entre esas varias instituciones del pasado. Baste recordar que el Municipio romano no fue nunca una unidad política, sino exclusivamente un cuerpo administrativo. Y porque fue sólo esto –sencillamente por ello– murió el Imperio romano. En otro lugar he mostrado cómo la Historia romana pereció asfixiada por no haber sabido dar vida política a las provincias, por haber dejado a las localidades tan sólo entrañas administrativas. (Véase mi ensayo «Sobre la muerte de Roma», en *El Espectador*, VI). El cuerpo del Imperio poseía una sola cabeza u órgano político: la Ciudad, Roma. El resto era un colosal montón de Municipios sueltos, encerrados cada cual en sí mismo, sin nexos orgánicos de unos con otros, *átomos de colectividad incapaces de sensibilidad y dignidad políticas.* La limitación del genio romano fue esta ineptitud para comprender el mundo mismo que ella había creado. Por eso más tarde podrán, con razón, cantar los escolares medievales:

> *Roma mundi caput est,*
> *sed nihil capit mundi*

(Roma es cabeza del mundo; pero no entiende nada del mundo).

Por desgracia, los estudios clásicos, que han estorbado en la vida europea tanto, por lo menos, como han aprovechado, influyeron también en la política, inundándola de lugares comunes. Uno es este fervor romántico por el Municipio.

El Ayuntamiento contemporáneo, que ha vuelto, en efecto, a parecerse mucho al Municipio imperial, no puede ser, ni de lejos, la unidad política local que buscamos. Muchas razones lo demuestran; pero hay una, muy clara, que las resume todas y a la par orienta nuestra inspiración hacia una buena pista.

Existe una ley biológica, sumamente sencilla, perogrullesca, y que, sin embargo, es poco conocida: la ley de la cantidad de materia. Si escindimos una célula en dos mitades iguales, cada una de éstas sigue viviendo, se desarrolla y constituye un organismo completo, bien que de menor tamaño. Esto indica que en la mitad de la materia primitiva residían todos los elementos necesarios para producir las corrientes protoplasmáticas en que la vida orgánica consiste. Pero si en vez de tomar la mitad de la materia celular nos quedamos sólo con la tercera parte, resulta que el plasma no se desarrolla, que es incapaz de vida. De aquí la ley simplicísima siguiente: para que haya vida hacen falta muchas cosas; pero, ante todo, una muy taxativa: cierta cantidad mínima de materia. Si tomáis demasiado poca, por sólo este error cuantitativo fracasaréis en vuestro ensayo de obtener un ser viviente.

Sírvanos esta ley biológica de imagen, de símbolo inspirador. El Municipio no puede nunca ser célula política, porque su tamaño es demasiado reducido y no pueden en él dispararse corrientes de vida política normal, persistente y fervorosa.

Lo cual no vale como una razón para escatimar al Ayuntamiento ninguna autonomía de cuantas puedan y deban concedérsele. Pero, una vez que le hayamos concedido todas las imaginables, no habremos dado un solo paso en la organización política de España. Porque el Municipio, en cuanto unidad de vida pública, es infrapolítico –como lo es la familia. La cantidad y clase de las funciones municipales quedan bajo el umbral de energía que es imprescindible para la producción de corrientes políticas. De aquí que cuando hay política en el Ayuntamiento consista siempre en la proyección sobre la vida municipal de partidos ultramunicipales. Aparte de estas luchas, que nacen precisamente *fuera* del Municipio –partidos nacionales, luchas de clases, etcétera–, no hay en el Ayuntamiento más que temas administrativos *sensu stricto*. Ahora bien: éstos, por su carácter técnico, sólo pueden dar lugar a querellas y pendencias arbitrarias y adjetivas, de tipo personal. Nadie llamará en serio política a la disputa entre dos vecinos por la posesión de la vara de alcalde. Este carácter personal que el exiguo tamaño de Municipio impone a todas sus actuaciones es el síntoma claro de su incapacidad política. Donde hay personalismo no hay vida pública. Lo uno es precisamente substitutivo de lo otro. La disputa personal mide con rigorosa exactitud la ausencia de temas políticos, de verdaderos entusiasmos y pasiones públicas.

Téngase siempre ante los ojos la finalidad que debe guiarnos: se trata de tomar la vida de la persona media española y sumirla en corrientes de vida ultrapersonal, que hagan a aquélla más intensa, más elevada, más rica de contenido intelectual y moral. Conseguir que en España haya vitalidad política y que el tipo medio de hombre mejore son, por lo pronto, una y misma cosa. Movilizarlo políticamente es hacerle mejor, y hacerle mejor es inducirle a que *sienta* cuestiones públicas –por tanto, que piense más, que intente más, que aprenda a ser responsable e impetuoso. Creer que esta movilización enriquecedora se consigue aislando al individuo en su Municipio, es en todos los sentidos un error. Pero este error posee raíces demasiado viejas y hondas para no exigir una extirpación más radical.

2

Cuando hace veinte años se empezó a caer en la cuenta de que una Constitución donde se abstraía por completo de la vida local sólo podía provocar la repulsa por parte de ésta –lo que estaba ya aconteciendo–, hubo algunos conatos de corregir el absurdo vigente. Según hemos visto, al resolverse a organizar esa vida local, todo el mundo pareció acorde en el craso error de considerar al Municipio como su unidad substantiva. De este error hemos arrancado ya una raíz romántica: la resonancia melodramática del pasado, el afán tradicionalista –desastroso *siempre* en política– de coincidir con el pretérito, en vez de buscar *siempre* la solución en el futuro. (No dude el lector de que a su hora daré mis razones de esta afirmación tan rotunda y tan dogmática. No se puede decir todo a la vez). Pero aquella equivocación tiene otra raíz más honda. Es ésta: organizar la vida local significa ir a buscar la vida pública en su realidad más concreta y convertirla en vida de Estado, en fuerza política. Una nación no está en pie por obra mágica –como está en el aire el sepulcro de Mahoma–, sino que está sostenida por fuerzas sociales de carácter político. Conste esto, porque hay en nuestro país todavía gente tan tonta que ve en este afán de movilizar pública o políticamente a los españoles pura gana de armar jaleo según el prurito de los demagogos. No advierten que las instituciones –el orden– sólo son fuertes cuando hay fuerzas sociales que las nutran con su dinamismo. Para que un Estado se derrumbe no hace falta que se produzcan revoluciones contra él, basta con que aflojen su asistencia de fervor las masas pacíficas de ciudadanos.

Digo, pues, que organizar la vida local es buscar la vida pública en su realidad más concreta. Hasta aquí vamos bien. Pero se creyó que la vida municipal era esa realidad más concreta, y éste fue, éste sigue siendo el error. A primera vista seduce la idea por su sencillez. El ciudadano vive cotidianamente en su pueblo. ¿Cómo dudar que su pueblo es la unidad pública más próxima al individuo? Concedamos al Municipio gran autonomía; así habremos puesto en manos del ciudadano su propia y concreta vida, habremos consagrado políticamente sus afanes más efectivos y constantes.

Pero ¿es esto verdad? ¿Cae bajo la jurisdicción municipal el sistema de intereses concretos del individuo, por lo menos los más importantes? Digámoslo en fórmula más clara: ¿puede decidir el Municipio, dependen de él, los asuntos capitales que constituyen la ocupación y preocupación cotidianas de sus vecinos? Si resulta que no es así, que esos asuntos son por sí mismos, constitutiva e inexorablemente, más extensos que la jurisdicción municipal, es evidente que el Municipio no puede por sí solo actuar sobre ellos, y, en consecuencia, concederle autonomía equivale, en orden político, a pertrecharle con la carabina de Ambrosio.

Dejemos sin atender ahora cuanto pueda ofrecer vaguedades –los asuntos de la vida pública espiritual– y fijémonos sólo en lo más determinable: la vida económica. Alguna vez he puesto ya este ejemplo: sea el pueblecito andaluz X. Este pueblecito vive materialmente de la oliva bética, del oleandro fecundo. Todo el término municipal está cubierto de olivitos de bronce, y las preocupaciones básicas de los vecinos giran en torno a la producción y comercio del aceite. Esto les plantea diariamente problemas múltiples: mejora de la producción, crédito agrícola, jornales, regulación de precios, permiso de exportación, conflicto del aceite de oliva con otras clases de producción, etcétera. ¿Qué pueden siquiera intentar el Municipio y la vida municipal ante estos problemas hiperconcretos de la vida económica de sus vecinos? Nada, nada que valga la pena. Por una razón muy sencilla. Los olivitos, haciéndole una higa a las arbitrarias divisiones administrativas, no se detienen en el término municipal, sino que brincan alegremente sobre él, y, sin solución de continuidad, anegan otro término municipal, y otro, y otro, y una enorme zona de tierra española —casi entera, la Andalucía. Esa mancha gigante de olivares *vive* con vida propia; quiero decir que forma una unidad económica, se regula a sí misma, impone las condiciones generales de explotación, precio, jornales; plantea los grandes problemas técnicos, así industriales como de política general económica (exportación, lucha con otros productos, etcétera). La vida del vecino del pueblecito X depende de lo que pasa en toda esa gran comarca olivarera, no de su Municipio, que se queda paralítico, sin posible intervención en las cuestiones que la gran solidaridad del olivo andaluz suscita a cada propietario o peón. Es decir: que ni siquiera la vida económica más elemental del vecino termina donde termina el término municipal.

Es falso, pues, que el Ayuntamiento cobije la vida local concreta. Al contrario: corta la estructura objetiva de ésta por una línea arbitraria; secciona con el perímetro caprichoso de su jurisdicción la verdadera realidad, la descuartiza y se queda con un pedazo cualquiera de ella. Ahora bien: esto es la abstracción; arrancar a lo real un trozo y ponerlo aparte con la pretensión de que viva como si fuera un todo íntegro.

Esto demuestra no sólo que es un grosero error hacer del Municipio la unidad política local, sino que la organización actual de España en Municipios aislados equivale a una permanente dislocación de la auténtica vida local. *Tal y como hoy existe*, es el Ayuntamiento un *disyuntamiento*, un principio de dislocación que impide a la existencia local estructurarse en verdaderas unidades orgánicas. El Municipio no es sólo infrapolítico, sino que, *en la forma vigente*, es *antipolítico*. No puede hacer nada, no puede moverse: es una institución estática, inerte. *No hay vida política si no hay un margen de movilización.* Vivir –en lo público como en lo privado– no es yacer, sino, por el contrario, aspirar, intentar, emprender. Siempre me ha parecido grotesco que, haciendo grandes aspavientos, se conceda autonomía a los Municipios. Autonomía, ¿para qué, si está prisionero en sí mismo? El Municipio, como institución, es, aproximadamente, una jaula de codorniz, donde se otorga al rural autonomía para que dé saltos, como el sencillo pájaro, y, como él, se encalve contra los alambres el occipucio.

Sólo empieza a vivir públicamente el Municipio cuando, imitando a sus olivitos domésticos, sale fuera de su propio término, transmigra a otros Municipios, trata y contrata y se ayunta con ellos, *a fin de emprender algo*. Maura comprendió esto muy bien (aunque era contradictorio centrar su reforma en la reforma del Concejo), y, tímidamente, instituyó la opción a *mancomunidad*. Es posible que en su tiempo esta misma timidez significase una audacia, y que en su ánimo existiese la visión clara y completa de toda la cuestión. No lo sé. Lo que sé es que su proyecto de ley reformista y sus palabras notorias no me bastan, y aun estimando el sentido o tendencia de su obra, tengo que seguir avante hacia una idea más íntegra y sistemática.

La *unidad política local* ha de consistir en una institución que dé figura legal autónoma a un cuerpo completo de vida local. Nótese que la vida sólo es completa si además del cuerpo íntegro y sin amputaciones tomamos un cierto espacio donde pueda moverse, un ámbito, una holgura para la movilización. Dicho en otros vocablos: la *unidad política local* no ha de limitarse a coincidir con lo que hoy es la vida local, sino que ha de contar, muy esencialmente, con hacerla capaz de empresas, de crecimientos, de magnificación. *Nuestra institución tiene que ser, a la par, una realidad y una ilusión.* Si no aporta por sí misma un principio dinámico, y es mero ajuste estático a lo presente, no se tomará con entusiasmo, y no nos servirá para aumentar el pulso de España. Con esa institución nos proponemos hacer historia; tenemos que cabalgar mucho con ella —sea, pues, a un tiempo, real e «ideal», estribo y espuela.

Cuando se habla de autonomía se suele olvidar lo principal. Se atiende sólo a que «autonomía» significa conceder a alguien el derecho a que rija sus propios actos. Muy bien. Pero ¿no es irrisorio conceder autonomía a quien de hecho es incapaz de actuar? A mí me parece una burla impía esa aparente generosidad de declarar autónomos a los paralíticos. La verdadera *unidad política local* será aquel grupo interior de vida colectiva española que posea mayor potencialidad de actuación.

Vemos que éste no es el Municipio. ¿Cuál será entonces? ¿La provincia?

Entre todas las cosas tristes, lamentables, sórdidas, del próximo pasado español, acaso no haya nada más triste, lamentable y sórdido que la institución provincial.

Su papel era precisamente el más delicado de todos, el más importante: servir de nexo e intermediario entre la vida de la aldea y la gran vida nacional. A mi juicio, ésta es la pieza decisiva en una constitución española. Y para tan grave oficio se inventó la división más arbitraria de todas, cuadriculando el sagrado cuerpo de España en esta ridiculez de las provincias. Inspirada por una seca política métricodecimal, no debe a ellas nuestro país, en casi un siglo, beneficio ni auxilio alguno. El Municipio no es una unidad política completa, pero es real –como la mano no es un hombre entero, pero es trozo real de un hombre. La provincia, en cambio, no es ni eso; es simplemente un torpe tatuaje con que se ha maculado la piel de la Península. ¡Con su capitalita sórdida, lenta, ni cortijo ni corte, donde se pasea un gobernador petulante, donde se cocinan todas las inmundicias políticas y no se emprende nada!

Demos de lado a la provincia, símbolo del provincianismo que queremos superar, y vamos hacia algo más orgánico y vital, de gran resuello y grandes perspectivas.

Nos basta con seguir dócilmente la mancha continua de olivar para derramarnos por toda Andalucía. Mientras esa mancha de olivar no haya recibido una consagración institucional no quedará aprovechado para la vida pública española un hecho económico y geográfico tan enorme como es su existencia. La unidad política local no es el pueblecito X, sino toda la Andalucía. Ésta sí que puede ser una gigantesca fuerza nacional, un organismo capaz de vigorosas acciones y reacciones, de altas empresas, de internas corrientes públicas que zarandeen enérgicamente a los individuos, los impulsen a agruparse en núcleos combatientes y emprendedores, a apasionarse y entrenarse. Su ámbito –su cantidad en número de hombres y en posibilidades económicas, morales, sociales– es suficientemente grande para que se produzcan ráfagas de dinamismo público que sacudan bien los nervios provinciales.

La *unidad política local* es la gran comarca. Organicemos a España en nueve o diez grandes comarcas...

X

LA IDEA DE LA GRAN COMARCA O REGIÓN

Separemos resueltamente la vida pública local de la vida pública nacional. Así lograremos poseer plenamente las dos. Organicemos a España en diez grandes comarcas: Galicia, Asturias, Castilla la Vieja, País Vasconavarro, Aragón, Cataluña, Levante, Andalucía, Extremadura y Castilla la Nueva. ¡Ahí es nada hasta dónde se podría llegar en historia poniendo bien «en forma» esas diez potencias de hispanidad!

Pero antes de imaginarlo conviene que el lector tenga una figura precisa de la organización a que aludo. Vaya por delante un esquema del estatuto comarcano o regional; luego trataré de justificarlo y de afrontar objeciones. Insisto en que las instituciones son máquinas del Estado, que, como todas las máquinas, se inventan a fin de obtener ciertos resultados. Su justificación consiste en mostrar primero que es forzoso proponerse esos resultados, y luego, que sólo mediante esas instituciones serán conseguidos.

La organización política de la gran comarca se reduce a poner su vida local en manos de sus habitantes. La nación, como tal, no puede cuidar directamente de la vida local. Los cincuenta años de intentar lo contrario han sido una experiencia en grandes dimensiones que necesitamos aprovechar. La vieja Constitución ha fenecido porque pretendió hacer al Estado central responsable de lo que no podía eficazmente cuidar. Entreguemos a los provinciales el cuidado de su región; pero, claro está, también la responsabilidad. Lo uno y lo otro son funciones recíprocas, se completan y se regulan mutuamente. España ha atravesado una triste etapa de disociación, de particularismo, originada en que del hecho acontecido y fraguado en la provincia eran responsables Madrid y la «nación». Con esto hay que acabar para siempre, situando la responsabilidad de lo local en la localidad misma o lo más cerca de ella posible.

Yo imagino, pues, que cada gran comarca se gobierna a sí misma, que es autónoma en todo lo que afecta a su vida particular; más aún: en todo lo que no sea estrictamente nacional. La amplitud en la concesión de *self-government* debe ser extrema, hasta el punto de que resulte más breve enumerar lo que se retiene para la nación que lo que se entrega a la región. (Del ánimo del lector se levanta, como una bandada de grajos, un puñado de objeciones elementales. El escritor lo advierte, pero frena su prisa por contestarlas). En principio, sólo el Ejército, la Justicia, una parte de las comunicaciones, la vida internacional, el derecho a intervenir los actos del régimen local y la opción constante a establecer servicios reguladores de orden pedagógico, científico y económico en todo el territorio peninsular, quedarían en manos del órgano central del Estado. Salvo omisión, todo el resto pasaría de las manos abstractas en que se hallaba a las manos concretas de los provinciales. Ya lo he dicho: no se puede hacer historia sin un pueblo que sepa nadar en la vida pública. España es la provincia; arrojemos la provincia al agua de su propia responsabilidad. (La bandada de grajos objetantes se hace nube, cubre el horizonte. ¡Bien, lector! Pero no se olvide que el Estado nacional está detrás, vigilando el aprendizaje natatorio. Y ese Estado nacional va a ser cosa mucho más seria y enérgica de lo que ha sido hasta aquí. El abandono de tanta jurisdicción que hemos hecho a la gran comarca parece hasta ahora inspirado *sólo* por una generosidad en beneficio de la vida local. *Ya se verá cómo a la par va hecho en beneficio del poder nacional, que, libre de ese lastre, ascenderá a las alturas de prestigio que le corresponden y de que nunca debió bajar.* Generaciones que han mantenido a la «nación», al «Estado» español uncidos a todas las carretas municipales, tumbados en el estiércol de los establos rurales, no tienen derecho a hacer esos aspavientos).

La vida local sería regida por una Asamblea comarcana, de carácter legislativo y fiscal, y por un Gobierno de región emanado de aquélla. La Asamblea se compondría de un número bastante grande de diputados –uno por cada diez mil habitantes. La elección derivaría de un sufragio universal. A este fin se dividiría la comarca en circunscripciones, reuniendo en cada una tres o más de los antiguos distritos. Desaparecería por completo el pequeño distrito rural, el liliputiense político de la vieja Constitución, y de la provincia provinciana se borraría, si fuese posible, hasta el recuerdo. Los pocos servicios efectivos que rendía pasarían a unos Consejos de circunscripción elegidos por los Ayuntamientos.

La Asamblea comarcana, el Gobierno regional y todas las instituciones anejas, grandes establecimientos de enseñanza y cultura, organismos financieros, etcétera, así como la representación local de las funciones exclusivas o compartidas del Poder nacional –Ejército, comunicaciones, Justicia, institutos de cultura, etcétera–, *serían acumulados en una sola ciudad, a fin de contribuir a la creación de grandes capitales regionales, urbes potentes y completas, cuyo oficio en la elevación del tipo medio español es imprescindible.*

Porque esto –la perfección del tipo medio de español– fue el propósito de que partimos. En esa expresión hallamos la fórmula inicial que por sí misma marcaba las dimensiones de una gran reforma pública, la única que merece la pena. Toda otra reforma que no cale hasta ese estrato profundo, que no llegue a punzar al español en el nervio de su vida individual y le hostigue a complicar su existencia, será inoperante. Hay que poner fuera de sí al español si se quiere ponerlo en la Historia. Desde hace siglos, el hombre medio hispánico cayó dentro de sí como dentro de un pozo y no ha vuelto a salir. Por eso es necesario libertarlo de la estrecha prisión que es hoy su propia hermética vida y sumergirlo en dinámicas corrientes que sacudan su inercia.

No se trata, pues, de prurito reformista, ni es complacencia en dibujar sobre un papel figuras imaginarias de España, entregándose al utopismo, que es la política de Onán. Yo no sé, claro está, si la reforma que defiendo llegará a instaurarse en nuestro país. Pero todos los que hoy vivimos sobre este terruño somos responsables del destino colectivo de España. Y los que andamos a toda hora dirigiéndonos pretenciosamente al público somos responsables en una mayor potencia –no de que las cosas se hagan o no según pensamos, sino de haber recatado o velado nuestro pensamiento. Por eso es preciso que se deslinden los campos de la convicción. Si hay quien cree que España, con el tipo de vida que hoy llevan sus hombres, puede entrar segura y firme en el tiempo difícil que sobreviene, no tiene por qué interesarse en una reforma como la aquí insinuada, y puede contentarse con más superficiales modificaciones. Pero mi convicción es la contraria: sin escatimar el reconocimiento de lo que ha mejorado en los últimos veinte años, creo que la vitalidad del hombre medio español sigue estando muy por debajo de la línea, del repertorio de aptitudes en que se halla planteada la lucha histórica. Seguimos siendo el pueblo fantasma de que hacen romanzas desde lejos los sentimentales de otras razas, por lo mismo que no actúa en el presente, enérgico, áspero, conminatorio, como es todo presente. A mí me repugna en lo más íntimo que sea mi país ese personaje fantasmagórico y extravagante, y por eso medito sobre los medios de obligarlo a bracear hacia avante. Creo, además, que este afán, claro o confuso, fermenta ya en todo español, y sólo falta libertarlo, abrir los poros a su efusión y desarrollo.

Para ello es precisa la reforma profunda que coloque a las masas de españoles en una postura pública completamente distinta de la tradicional. Sin una nueva estructura, sin una diferente anatomía, no habrá una fisiología nueva ni un nuevo tipo de español.

La idea de la gran comarca significa el ensayo de construir un Estado que, por una parte, se acerque al hombre provincial, le proponga cuestiones públicas afines con su sensibilidad y le invite a resolverlas por sí mismo. En suma: un Estado que le interese. La institución del Gobierno regional y su Asamblea adjunta convierte en problemas públicos, en temas de lucha y de organización políticas los asuntos mismos que habitan de sólito en la preocupación del español medio. Por otra parte, le obliga a ser responsable de su propia existencia. El antiguo Estado parecía una máquina imaginada ex profeso para fabricar su propio desprestigio y el de la idea nacional que simbolizaba. Dejaba a la provincia sólo el derecho de plantear problemas y conflictos a la «nación», y el de quejarse luego y maldecir porque la «nación» no los remediase o los resolviese mal. De aquí que todo el proceso histórico de 1876 a la fecha haya culminado en una sublevación sin gritos de la provincia contra el viejo Estado. Esta sublevación era justa. Porque no ha tomado forma espectacular, y porque hasta ahora ha mostrado sólo su faz negativa, no se ha querido ver en ella lo que es en pura y profunda realidad, a saber: la única fuerza histórica amplia que ha empujado nuestra historia en lo que va de siglo y la única que puede levantar el destino de España. Lo que aquí se propone no es otra cosa que continuar ese movimiento histórico, haciendo que la provincia adquiera conciencia clara de lo que ya es para España y de lo que puede y debe ser.

Nadie podrá decir que estos artículos, donde se espera todo lo esencial de la provincia, hayan procedido mediante halagos al hombre provincial. Deliberadamente he presentado su carácter bajo los apelativos menos favorables –provincianismo, ruralismo, sordidez, angostura de vida–, y, sin embargo, la mera nudificación de la realidad pública española hacía ver que esa masa enorme, adscrita a las glebas peninsulares, sumida en sus villas y villorrios, es el gigantesco poder latente que bastará movilizar para que España ascienda en la escala histórica.

Pero es urgente dar a esta potencia provincial ocasión, contraseña e instrumento para que por sí misma, en esfuerzo rudo sobre sí misma, expansione sus frenadas energías. El Gobierno regional es este instrumento, la institución que puede batir la masa provincial y cargarla de electricidad política.

Todo lo demás que se haga será forzoso como complemento o como auxilio; pero España no echará a andar rostro al viento de la Historia mientras no llegue la hora en que hombres fervientes recorran los campos y las villas encendiendo la atmósfera con esta palabra: «*¡Eh, las provincias, de pie!*».

18 de noviembre de 1927 – febrero de 1928

La decencia nacional

BAJO EL ARCO EN RUINA[1]

Voces se oyen cantoras de un optimismo que muchos
no acertamos a compartir. Desde hace veinte años, la
vida española es tan inerte y estéril, que basta a un suceso
parecer anormal para que nos prometa ser ventajoso. La
mejora de España no se presenta por ninguno de los
puntos cardinales con fisonomía concreta e inequívoca;
pero sentimos todos un vivo deseo de cambiar de postura, movidos por la vaga esperanza de que una diferente
colocación de los miembros disminuya nuestros dolo-

1. Este artículo fue publicado en *El Imparcial* el 11 de junio de 1917.
Pocos días antes, en Barcelona, se habían declarado en rebeldía las Juntas de Defensa del Arma de Infantería. Las disputas a que este artículo
dio lugar trajeron como resultado la fundación del periódico *El Sol* por
don Nicolás M.ª de Urgoiti.

res. Hay, pues, un afán de ensayar, sin ningún proyecto definido de ensayo.

Esto ha acontecido alguna vez en todos los pueblos, y aún, según los nuevos biólogos, acontece regularmente en todos los seres vivos. Del infusorio al hombre –dice Jennings– rige a la vida la ley de «ensayo y error». *Trial and error*. El organismo ensaya al azar movimientos, esperando que alguno de ellos le sitúe favorablemente en su contorno. Poder vital quiere decir capacidad de ensayos, y, en un pueblo, sobre todo, más grave que el mucho fracasar es el poco ensayar.

Durante los años postreros ha crecido notablemente en España la simpatía por las innovaciones; y la manera cómo la conciencia pública ha recibido los hechos radicales de estos días significa expresión de ese vital impulso hacia el ensayo y el saludable brinco. No censuro, pues, a los optimistas por su optimismo. Obscuro español frecuentador de las meditaciones, me limito a aplaudirlos, a envidiarlos y a ensayar una cierta discrepancia.

La calidad de la hora es tal, que sólo es digno de ella quien quiera ser sincero. Digámoslo, pues: hace una semana que la forma de Gobierno ha cambiado en España. El Poder eficiente reside en las Juntas de Defensa del Arma de Infantería. Con un bello nombre clásico diremos que vive España bajo el gobierno de los hoplitas. Frente a los aires turbios e irreales, frente a la atmósfera espectral de la política de ayer, este hecho tan grave, tan peligroso, tiene la ventaja de ser claro, conciso, taxativo. Ahorremos, pues, en lo posible, ante pareja realidad, el uso de tópicos evanescentes. En esta aguda sazón, todo hombre honesto y capaz de emoción patriótica sólo en una cosa puede pensar: en extraer de este acontecimiento el máximo de provecho nacional. Sólo en eso puede pensar, porque no existe de seguro un sólo español reflexivo que crea posible retrotraer la vida española al día anterior a la declaración en rebeldía de las Juntas militares.

Yo estoy cierto de que ni el mismo señor Dato piensa así. No obstante, representa en nuestra política lo que el nivel del mar en la topografía. No se trata ya de que no deba España volver diez jornadas atrás, sino que sea cualquiera nuestra voluntad, ella no podrá. He aquí someramente expresadas las razones en que se funda esta convicción. Un Estado es una articulación de prestigios personales y corporativos que, apoyándose unos en otros y nutriéndose recíprocamente, ejercen el Poder, imponen cohesión a los grupos internos. Desde 1898 la historia de nuestro país es la de una liquidación de prestigios, de órganos cohesivos, que no han logrado substitución. Mejor o peor, la España de la Restauración y la Regencia tenía una estructura. La España del siglo XX es una España invertebrada. Consecuencia fatal de ello fue que con el beneplácito más o menos expreso de las gentes se iba acumulando todo el Poder naciente en una sola institución. Los mismos republicanos solían hablar de un «gran elector» como instrumento inevitable en una sociedad de opinión pública adormecida y exenta de otros poderes prestigiosos.

A la manera que en los arcos mal construidos, la estabilidad dependía exclusivamente de la piedra clave.

Pues bien; sería frívolo eludir el reconocimiento de que la clave española se ha estremecido y el arco periclita. En estos momentos de disgregación, de disociación orgánica, la realidad de las Juntas militares corta el último cíngulo de autoridad normal que ceñía el cuerpo español. ¿Con qué intención? ¿Con qué propósito? Según todas las noticias, con el puro y noble afán de reivindicar para el Ejército un régimen de seriedad, corregir abusos, asegurar aquellos medios materiales y técnicos sin los cuales el órgano de la defensa nacional es un triste fantasma inválido.

Movidos de este anhelo, los militares se han situado más allá de la ley, y el pueblo entero ha recibido con desusada y misteriosa simpatía –éste es un dato esencial– el airado ademán de la clase militar. Las demás clases sociales han visto en ella una hermana mayor que, harta de vejámenes, pide con urgencia aire respirable; y como todas encuentran dentro de sí sobra de malestar y padecen injusticias y viven arrastrando sus pobres esperanzas hambrientas, no hubieron menester noticias detalladas sobre las quejas del ejército. De antemano sienten que si no todas fueron justas, basta con muchas que lo son. Por caso extraordinario no hemos oído ahora el «yo tengo más motivos que tú», querella que sería funesta en la actual coyuntura y que en todo tiempo es estéril.

Creo que los verdaderos amigos del Ejército deben invitarlo a que no olvide la actitud adoptada por el resto de

*los españoles en esta hora solemne de su demanda, porque
en esa actitud está la cifra del inmediato porvenir.*

Tal es en esquema el conflicto. Pensemos un poco la
solución. ¿Qué cabe hacer? Todo el mundo parece conforme en que se atienda lo substancial de las peticiones;
pero esto claro es que no resuelve el conflicto histórico
planteado, y menos que a nadie satisfaría al Ejército. Su
actitud ha sido un ejemplo. Sólo quien tenga una fanta-
sía pueril, dócil al ensueño, dudará de que ese ejemplo va
a ser seguido por otras clases sociales. Hoy una, mañana
otra, se alzarán con sus greuges y reivindicaciones, y, siguiendo al límite el ejemplo, saltarán fuera de la ley. Y el
Ejército, garantía postrera de ésta, no podrá tan llanamente como antes mantener a las otras clases, menester-
osas también de amor, solicitud y respeto, dentro del
cíngulo mágico. Las hermanas menores paralizarán con
una sola mirada suplicante a la hermana mayor, que lleva, como Minerva, casco y lanza y fuerte corazón. No
creo que a ningún leal amigo del Ejército preocupe hoy
otra cosa tanto como esta consideración.

Consecuencia: el problema no está en atender estas o
aquellas urgencias militares. El problema está en hacerlo
borrando a la par la anormalidad de la situación. En este
sentido se puede decir sin paradoja que el acontecimiento de Barcelona es mucho más grave que una revolución. La razón es clara: una revolución, o es vencida y
tiende automáticamente a restablecer la legalidad que
ella atacaba, o triunfa, y entonces nace de ella, no menos
automáticamente, una nueva legalidad. En ambos casos

la violencia queda reabsorbida en un estado legal. Mas en el caso presente, ningún Gobierno elegido al modo usual puede absorber la ilegalidad de las circunstancias en que nació. Queda ésta en el ambiente como los muertos sin óbolo para el barquero quedan inficionando el aire e incubando en él una epidemia de ilegalidad, esto es, de violencia. *Por esto es literalmente más grave que una revolución, porque puede ser una serie de revoluciones.*

Hay, pues, motivo para temer que los partidarios de soluciones ficticias sean los verdaderos promotores de la revolución, sin saberlo, como era prosista el gentilhombre burgués.

Reflexionemos con un poco de vigor antes de insistir ni quitar gravedad al problema y pensar si no es lo serio, lo patriótico y «lo ordenado» hacer fecundo y salutífero el gravísimo suceso por el único procedimiento posible: llevar lo ya hecho a sus extremas consecuencias. Lo hecho es un rompimiento de la legalidad básica de España, es un acto que anula la Constitución. Nada eficazmente constitucional: nada con plenitud de autoridad puede nacer de una Constitución tajada de arriba abajo. Sólo hay una solución: reconstituir la Constitución. Para ello sería necesario un poder transitorio más amplio que los existentes en 31 de mayo. En un abrazo fraterno, renovador, volvería al seno de la ley aquel órgano de la vida española que está fuera de ella. Dicho de otro modo: Cortes constituyentes.

¿Hay otra manera de prestar fecundidad nacional y no sólo de clase a la actitud de las Juntas militares? Descúbranoslo el que tenga mejor fortuna. Yo no he pretendido sino dar pretexto con estos pensamientos, que muy probablemente serán bienintencionados errores, a que se discuta en forma concreta el remedio al presente y... a un porvenir tan próximo como pavoroso. Quien ame sinceramente al Ejército de España y a la esperanza deberá oponerse a la perpetuación de las actuales circunstancias. Todo, menos detenerse a acomodarse en ellas. Recuérdese el aforismo de Talleyrand: «Con las bayonetas se puede hacer todo. Todo, menos una cosa: sentarse en ellas». De todas suertes, se abre una época en que todos los hombres honrados tendrán que hacer en sus corazones vendimia de energía y lealtad.

ORGANIZACIÓN
DE LA DECENCIA NACIONAL

La gallina pone el huevo; pero el huevo puso a la gallina. Es el círculo paradójico e inexorable en que está encerrada la legalidad. Una situación legal sólo puede nacer de una situación legal. La legalidad exige su propia continuidad. Por eso cuando el chico del pueblo rompe los huevos trastorna todo el corral, y luego es una historia reparar el estropicio.

La situación de Poder público en que nos hallamos hoy después de la tortilla universal que ha hecho la Dictadura no es ni puede ser legal. Y como no puede serlo, no es lícito exigir que lo sea. Lo más que en esta fecha puede ser un Gobierno de España es resuelta voluntad de ser legal. O dicho en otra forma: lo más que hoy puede ser un Gobierno de España es un conjunto de personas privadas, que, por su carácter individual y notorio, ofrecen al país plena garantía de la decencia jurídica en su comportamiento. No tiene sentido pedir legalidad estricta; sólo tiene sentido pedir decencia jurídica.

Ahora bien: el Gobierno actual, tal y como está constituido, ofrece garantía suficiente de decencia jurídica. Al menos a mí me la ofrece absoluta. (El escritor político tiene que renunciar a asumir arbitrariamente la representación de lo que opinen los demás; pero no se tome audazmente entonces como petulancia ni se atribuya a presunción ridícula que diga: «Yo opino así». Lejos de ser esto inflación vanidosa, es todo lo contrario; el escritor político se reduce y contrae a la pequeña cosa que él es, y dice: yo, nada más que yo, mi leal conciencia individualísima, poca cosa, pues; pero, en fin, ésa. Es una cuestión también de decencia, de decencia intelectual).

De suerte que este Gobierno del general Berenguer es plenamente lo que cabe pedir que sea. Por tanto −deduzco yo como consecuencia−, no hay que ocuparse más y por ahora de este Gobierno. Con lo cual obtenemos una cosa: que nuestra ocupación y preocupación puedan vacar a otros asuntos de la vida pública española.

La legalidad era, sin duda, *el asunto más urgente*, y de él y sólo de él se ocupa este Gobierno. Pero si es el más urgente *no es el más substancial*. Hay otros muchos más substantivos, y parece natural que sea de ellos de los que *sin pérdida de tiempo* empecemos nosotros a ocuparnos −nosotros, que no somos el Gobierno. Por con siguiente, todo lo que sigue no va dirigido al Gobierno, sino al lector, como mero español.

Y lo primero que necesitamos hacer, *de la manera más taxativa*, es, a mi juicio, no confundir, ni admitir que los demás lo confundan, la necesidad de retornar a la normalidad legal antigua con nuestra aceptación para el futuro de aquella normalidad. ¡Ah, no! ¡Eso de ninguna manera! De la antigua normalidad sólo admitimos su forma de ley, con la cual es preciso reanudar la vida pública, por asco hacia el desorden que nos mueve a una seria voluntad de evitarlo, por fe en la continuidad de todo lo que es verdadera realidad histórica. Pero nada más; el contenido de aquella normalidad me parece detestable. ¿Me parece? ¡Cualquiera diría que se trata de un capricho íntimo! Estamos saliendo de casi siete años de una Dictadura increíble, que fue el fruto de aquella «normalidad». Porque urge ya –aunque parezca mentira– recordarlo: que la Dictadura de Primo de Rivera no se produjo en China, bajo el Gobierno imperial del Hijo del Cielo; ni en Rusia, bajo la normalidad soviética; sino en España, y bajo el régimen constitucional de 1876. Fue efecto –como mostraré cuando las circunstancias lo permitan– de ese régimen. Y la causa y el efecto forman un organismo indivisible. Y el que no quiera más añitos de esa calaña, tiene que no querer aquel régimen.

Pero más todavía: no sólo la Dictadura es hija del antiguo régimen, sino que, salvo la forma legal que aquélla cínicamente quiebra, se ha parecido sobremanera en lo real y concreto de las conductas a los usos del antiguo régimen, como no podía menos de ser. Me es indiferente el aforo que se haga de la diferencia entre ambas. Quien lealmente recorra los distintos órdenes de la gobernación, *empezando por la elección misma del Gobierno*, acabará por reconocer que la diferencia entre antiguo régimen y Dictadura ha sido mayor o menor; pero sólo cuantitativa. En formato extremo y caricaturesco hemos vivido estos años lo mismo que con un cariz hipócrita o discreto constituía la realidad de la vida española desde 1900. Y ha sido una fortuna que esto acontezca, tal vez providencial. Porque en esa edición con letras todas mayúsculas, en ese tono desaforado y estruendoso hay alguna probabilidad de que los españoles hayamos aprendido lo que era la verdad de nuestra vida pública. El niño audaz dice a voz en grito lo que el padre hace y piensa, pero calla. Primo de Rivera ha sido el *enfant terrible* del antiguo régimen.

Por tanto, son inseparables, y es preciso que mesuradamente, sin desplantes y con una decidida repugnancia a toda populachería, se vaya viendo quiénes piensan así y quiénes no. Porque la manera más total de castigar estos últimos años sería aprovecharlos sacando íntegras sus consecuencias.

El antiguo régimen era la perfecta desmoralización de la vida nacional, era el constante estorbo a que la nación viviese por sí misma y de sí misma, era la imposibilidad de que el pueblo español como tal, en su integridad, alto y bajo, «derecha» e «izquierda», asumiese la unidad de su destino histórico, resultante de lo que cada fracción de él es, de lo que piensa, necesita o anhela. Salvo unos cuantos grupos próximos al Estado, los españoles no han podido vivir vida pública. Cuando, no obstante su inercia, iban tal o cual vez a movilizarse históricamente, aquellos grupos se lo impedían, prestidigitaban la situación, desmoralizaban los ánimos. El antiguo régimen se ha preocupado sólo de sí mismo como tal régimen y nunca de los auténticos destinos nacionales.

Así se explica que siendo tan evidente la necesidad de una reforma profunda de la contextura del Estado, se negó siempre a que ni siquiera se hablase en serio de ella. Cuando algún hombre, como Maura, intentó una minúscula reforma, los grupos que acaparaban el Estado español formaron el cuadro y lo declararon orate nacional, lunático mayor del reino.

Y lo mismo, en otro cuadrante, a la pequeña tribu de los que se llamaron «reformistas», que eran gente de buena fe, y, por consiguiente, también lunática. No hablemos de nosotros, que éramos entonces jóvenes y éramos ya intelectuales; es decir, que reuníamos todas las condiciones para que no se nos tomase en ninguna consideración.

Y, sin embargo, ya entonces –1914– tuve yo la audacia juvenil de dar una conferencia sobre *Vieja y nueva política*, que casi tolera ser hoy releída, donde se anuncia todo lo que después ha acontecido. En esa conferencia resumía yo el programa de lo que substancialmente hay que hacer en la vida política de España, dentro de esta expresión: *hay que nacionalizar todas las instituciones del Estado, porque todas están desnacionalizadas.* Por desnacionalización entendía, y entiendo hoy, el hecho de que esta o la otra institución u órgano del Estado no se supedite radicalmente a los destinos nacionales, a las conveniencias últimas, históricas, de la nación española.

Y la Constitución de 1876 –como se ha demostrado en el laboratorio de cincuenta y cuatro años– significa la formal organización de esta desnacionalización. Al amparo de ella hemos asistido un día y otro a esta perdurable escena: que los diversos institutos del Poder público –no quiero citarlos nominativamente, pero son todos– marchaban muy patrióticamente con la nación mientras los intereses y deseos de ésta coincidían con los suyos; pero que tan pronto como sobrevenía una divergencia entre los intereses de la nación y los de este o el otro instituto, era la nación quien tenía que supeditarse, renunciar y achantarse.

En el frontis de la ley fundamental de 1876 se proclaman ciertas garantías; pero el resto de su cuerpo al funcionar no ha garantizado aquellas garantías, como afortunadamente han podido ver hasta los ciegos. Para garantizar las garantías de 1876 es ineludible una Constitución completamente distinta de la de 1876.

Aunque parezca increíble, la grande y urgente tarea que hoy tienen los españoles inmediatamente ante sí consiste en la *nacionalización del Estado español.* Lo demás, o es inane, o supone la resolución previa de esa tarea. Por eso fuera preciso compaginar un enorme partido nacionalizador, por encima de «derechas» e «izquierdas», que son garambainas impropias de la crítica altura en que se encuentra el sino europeo. Un enorme partido arrollador, tan grande y tan sin manías, que casi no pudiese llamársele partido. Y ya que el uso del idioma imponga este nombre, que pudiese llamarse nacional.

Un partido nacional es un partido hacia dentro de la nación, y, por tanto, excluye el nacionalismo que implica un *frente a* y un *contra de* otras naciones. En Europa carece hoy de sentido el nacionalismo. Por la sencilla razón de que no es posible un nacionalismo sin agresión e imperialismo, sin batallas y sin conquistas –por eso el gran nacionalista Napoleón fue el mayor imperialista. Por eso el fascismo inevitablemente fracasará, cualesquiera sean o fueren sus otros aciertos y oportunidades, que yo aquí no discuto ni ligeramente sentencio. Lo que digo es que en Europa un nacionalismo de 1930 será inevitablemente la política del cuadrado redondo.

Vayamos a un gigantesco partido nacional que por lo pronto se proponga sólo nacionalizar definitivamente el Estado español, lo cual, dicho con menos tecnicismo, equivale a esto: que se proponga instaurar la plena decencia en la vida pública española. Y la decencia en la vida pública no consiste en otra cosa que en imponer a todos los españoles la voluntad de convivir unos con otros, sean quienes sean unos y otros; que por encima y por debajo de todas las luchas propias a la natural disensión humana triunfe la resolución de nacional convivencia; por tanto, de respetar la vida pública del enemigo, de no escatimarle, ni discutirle ni sofisticarle sus derechos de español, sea él quien fuere: el fraile al ateo y el ateo al fraile, el militar al civil y el civil al militar, el patrono al obrero y el obrero al patrono.

Esa decencia, ni más ni menos que esa decencia o resolución de convivir radicalmente con el prójimo compatriota, aun dentro de la más enconada lucha, es el único secreto de que emanan la ejemplaridad y fecundidad de la historia inglesa en los dos últimos siglos. Pero mientras el obispo o el militar aspiren en el fondo de su alma, no sólo a vencerme, deseo respetable, sino a suprimirme de la vida pública, o yo aspire a lo mismo con respecto a ellos, nuestra existencia nacional ni será decente ni será nacional.

5 de febrero de 1930

EL ERROR BERENGUER

No, no es una errata. Es probable que en los libros futuros de historia de España se encuentre un capítulo con el mismo título que este artículo. El buen lector, que es el cauteloso y alerta, habrá advertido que en esa expresión el señor Berenguer no es el sujeto del error, sino el objeto. No se dice que el error sea de Berenguer, sino más bien lo contrario –que Berenguer es del error, que Berenguer es un error. Son otros, pues, quienes lo han cometido y cometen; otros, toda una porción de España, aunque, a mi juicio, no muy grande. Por ello, trasciende ese error los límites de la equivocación individual y quedará inscrito en la historia de nuestro país.

Estos párrafos pretenden dibujar, con los menos aspavientos posibles, en qué consiste desliz tan importante, tan histórico.

Para esto necesitamos proceder magnánimamente, acomodando el aparato ocular a lo esencial y cuantioso, retrayendo la vista de toda cuestión personal y de detalle. Por eso, yo voy a suponer aquí que ni el presidente del Gobierno ni ninguno de sus ministros han cometido error alguno en su actuación concreta y particular. Después de todo, no está esto muy lejos de la pura verdad. Esos hombres no habrán hecho ninguna cosa positiva de grueso calibre; pero es justo reconocer que han ejecutado pocas indiscreciones. Algunos de ellos han hecho más. El señor Tormo, por ejemplo, ha conseguido lo que parecía imposible: que a estas fechas la situación estudiantil no se haya convertido en un conflicto grave. Es mucho menos fácil de lo que la gente puede suponer que exista, *rebus sic stantibus*, y dentro del régimen actual, otra persona, sea cual fuere, que hubiera podido lograr tan inverosímil cosa. Las llamadas «derechas» no se lo agradecen, porque la especie humana es demasiado estúpida para agradecer que alguien le evite una enfermedad. Es preciso que la enfermedad llegue, que el ciudadano se retuerza de dolor y de angustia; entonces siente «generosamente» exquisita gratitud hacia quien le quita la enfermedad que le ha martirizado. Pero así, en seco, sin martirio previo, el hombre, sobre todo, el feliz hombre de la «derecha», es profundamente ingrato.

Es probable también que la labor del señor Wais para detener la ruina de la moneda merezca un especial aplauso. Pero, sin que yo lo ponga en duda, no estoy tan seguro como de lo anterior, porque entiendo muy poco de materias económicas, y eso poquísimo que entiendo me hace disentir de la opinión general, que concede tanta importancia al problema de nuestro cambio. Creo que, *por desgracia*, no es la moneda lo que constituye el problema verdaderamente grave, catastrófico y substancial de la economía española –nótese bien, de la española. Pero, repito, estoy dispuesto a suponer lo contrario, y que el señor Wais ha sido el Cid de la peseta. Tanto mejor para España, y tanto mejor para lo que voy a decir, pues cuantos menos errores haya cometido este Gobierno, tanto mejor se verá el error que es.

Un Gobierno es, ante todo, la política que viene a representar. En nuestro caso se trata de una política sencillísima. Es un monomio. Se reduce a un tema. Cien veces lo ha repetido el señor Berenguer. La política de este Gobierno consiste en cumplir la resolución adoptada por la Corona de volver a la normalidad por los medios normales. Aunque la cosa es clara como «¡buenos días!», conviene que el lector se fije. El fin de la política es la normalidad. Sus medios son... los normales.

Yo no recuerdo haber oído hablar nunca de una política más sencilla que ésta. Esta vez, el Poder público, el Régimen, se ha hartado de ser sencillo.

Bien. Pero ¿a qué hechos, a qué situación de la vida pública responde el régimen con una política tan simple y unicelular? ¡Ah!, eso todos lo sabemos.

La situación histórica a que tal política responde era también muy sencilla. Era ésta: España, una nación de sobre veinte millones de habitantes, que venía ya de antiguo arrastrando una existencia política bastante poco normal, ha sufrido durante siete años un régimen de *absoluta anormalidad* en el Poder público, el cual ha usado *medios* de tal modo *anormales*, que nadie, así, de pronto, podrá recordar haber sido usados nunca ni dentro ni fuera de España, ni en éste ni en cualquier otro siglo. Lo cual anda muy lejos de ser una frase. Desde mi rincón sigo estupefacto ante el hecho de que todavía ningún sabedor de historia jurídica se haya ocupado en hacer notar a los españoles minuciosamente y con pruebas exuberantes esta estricta verdad: que no es imposible, pero sí *sumamente difícil*, hablando en serio y con todo rigor, encontrar, *en todo el ámbito de la historia, incluyendo los pueblos salvajes*, un régimen de Poder público como el que ha sido de hecho nuestra Dictadura. Sólo el que tiene una idea completamente errónea de lo que son los pueblos salvajes puede ignorar que la situación de derecho público en que hemos vivido es más salvaje todavía, y no sólo es anormal con respecto a España y al siglo XX, sino que posee el rango de una insólita anormalidad en la historia humana. Hay quien cree poder controvertir esto sin más que hacer constar el hecho de que la Dictadura no ha matado; pero eso, precisamente eso –creer que el Derecho se reduce a no asesinar–, es una idea del Derecho inferior a la que han solido tener los pueblos salvajes.

La Dictadura ha sido un poder omnímodo y sin límites, que no sólo ha operado sin ley ni responsabilidad, sin norma no ya establecida, pero ni aun conocida, sino que no se ha circunscrito a la órbita de lo público, antes bien, ha penetrado en el orden privadísimo brutal y soezmente. Colmo de todo ello es que no se ha contentado con *mandar* a pleno y frenético arbitrio, sino que aún le ha sobrado holgura de poder para *insultar* líricamente a personas y cosas colectivas e individuales. No hay punto de la vida española en que la Dictadura no haya puesto su innoble mano de sayón. Esa mano ha hecho saltar las puertas de las Cajas de los Bancos, y esa misma mano, de paso, se ha entretenido en escribir todo género de opiniones estultísimas, hasta sobre la literatura de los poetas españoles. Claro que esto último no es de importancia sustantiva, entre otras cosas, porque a los poetas les traían sin cuidado las opiniones literarias de los dictadores y sus criados; pero lo cito precisamente como un colmo para que conste y se recuerde y simbolice la abracadabrante y sin par situación por que hemos pasado. Yo *ahora* no pretendo *agitar* la opinión, sino, al contrario, *definir* y *razonar*, que es mi primario deber y oficio. Por eso eludo recordar aquí, con sus espeluznantes pelos y señales, los actos más graves de la Dictadura. Quiero, muy deliberadamente, evitar lo patético. Aspiro *hoy* a persuadir y no a conmover. Pero he tenido que evocar con un mínimum de evidencia lo que la Dictadura fue. Hoy parece un cuento. Yo necesitaba recordar que no es un cuento, sino que fue un hecho...

Y que a ese hecho responde el Régimen con el Gobierno Berenguer, cuya política significa: volvamos tranquilamente a la normalidad por los medios más normales;

hagamos «como si» aquí no hubiese pasado nada *radicalmente* nuevo, *substancialmente* anormal.

Eso, eso es todo lo que el Régimen puede ofrecer, en este momento tan difícil para Europa entera, a los veinte millones de hombres ya maltraídos de antiguo, después de haberlos vejado, pisoteado, envilecido y esquilmado durante siete años. Y, no obstante, pretende, impávido, seguir al frente de los destinos históricos de esos españoles y de esta España.

Pero no es eso lo peor. Lo peor son los motivos por los que cree poderse contentar con ofrecer tan insolente ficción.

El Estado tradicional, es decir, la Monarquía, se ha ido formando un surtido de ideas sobre el modo de ser de los españoles. Piensa, por ejemplo, que moralmente pertenecen a la familia de los óvidos, que en política son gente mansurrona y lanar, que lo aguantan y lo sufren todo sin rechistar, que no tienen sentido de los deberes civiles, que son informales, que a las cuestiones de derecho y, en general, públicas, presentan una epidermis córnea. Como mi única misión en esta vida es decir lo que creo verdad –y, por supuesto, desdecirme tan pronto como alguien me demuestre que padecía equivocación–, no puedo ocultar que esas ideas sociológicas sobre el español tenidas por su Estado son, en dosis considerable, ciertas. Bien está, pues, que la Monarquía piense eso, que lo sepa y cuente con ello; pero es intolerable que se prevalga de ello. Cuanta mayor verdad sean, razón de más para que la Monarquía, responsable ante el Altísimo de nuestros últimos destinos históricos, se hubiese extenuado, hora por hora, en corregir tales defectos, excitando la vitalidad política del español, haciéndole hiperestésico para el Derecho y la dignidad civil, persiguiendo cuanto fomentase su modorra moral y su propensión lanuda. No obstante, ha hecho todo lo contrario. Desde Sagunto, la Monarquía no ha hecho más que *especular sobre los vicios españoles*, y su política ha consistido en aprovecharlos para su exclusiva comodidad. La frase que en los edificios del Estado español se ha repetido más veces es ésta: «¡En España no pasa nada!» La cosa es repugnante, repugnante como para vomitar entera la historia española de los últimos sesenta años; pero nadie honradamente podrá negar que la frecuencia de esa frase es un hecho.

He aquí los motivos por los cuales el Régimen ha creído posible también en esta ocasión superlativa responder, no más, que decretando esta ficción: aquí no ha pasado nada. Esta ficción es el Gobierno Berenguer.

Pero esta vez se ha equivocado. Se trataba de dar largas. Se contaba con que pocos meses de gobierno emoliente bastarían para hacer olvidar a la amnesia celtíbera los siete años de Dictadura. Por otra parte, del anuncio de elecciones se esperaba mucho. Entre las ideas sociológicas, nada equivocadas, que sobre España posee el régimen actual, está ésa de que los españoles se compran con actas. Por eso ha usado siempre los comicios –función suprema y como sacramental de la convivencia civil– con instintos simoníacos. Desde que mi generación asiste a la vida pública no ha visto en el Estado otro comportamiento que esa especulación sobre los vicios nacionales. Ese comportamiento se llama en latín y en buen castellano: indecencia, indecoro. El Estado, en vez de ser inexorable educador de nuestra raza desmoralizada, no ha hecho más que arrellanarse en la indecencia nacional.

Pero esta vez se ha equivocado. Éste es el error Berenguer. Al cabo de diez meses, la opinión pública está menos resuelta que nunca a olvidar la *gran viltà* que fue la Dictadura. El Régimen sigue solitario, acordonado, como leproso en lazareto. No hay un hombre hábil que quiera acercarse a él; actas, carteras, promesas –las cuentas de vidrio perpetuas–, no han servido esta vez de nada. Al contrario: esa última ficción colma el vaso. *La reacción indignada de España empieza ahora, precisamente ahora, y no hace diez meses*. España se toma siempre tiempo, el suyo.

Y no vale oponer a lo dicho que el advenimiento de la Dictadura fue inevitable, y, en consecuencia, irresponsable. No discutamos ahora las causas de la Dictadura. Ya hablaremos de ellas otro día, porque, en verdad, está aún hoy el asunto aproximadamente intacto. Para el razonamiento presentado antes, la cuestión es indiferente. Supongamos un instante que el advenimiento de la Dictadura fue inevitable. Pero esto, ni que decir tiene, no vela lo más mínimo el hecho de que sus actos después de advenir fueron una creciente y monumental *iniuria*, un crimen de lesa Patria, de lesa Historia, de lesa dignidad pública y privada. Por tanto, si el Régimen la aceptó obligado, razón de más para que al terminar se hubiese, con leal entereza, con natural efusión, abrazado al pueblo y le hubiese dicho: hemos padecido una incalculable desdicha. La normalidad que constituía la unión civil de los españoles se ha roto. La continuidad de la historia legal se ha quebrado. No existe el Estado español. ¡Españoles: reconstruid vuestro Estado!

Pero no ha hecho esto, que era lo congruente con la desastrosa situación, sino todo lo contrario. Quiere una vez más *salir del paso*, como si los veinte millones de españoles estuviésemos ahí para que él *saliese del paso*. *Busca* alguien que se encargue de la ficción, que realice la política del «aquí no ha pasado nada». Encuentra sólo un general amnistiado.

Éste es el error Berenguer, de que la historia hablará.

Y como es irremediablemente un error, somos nosotros, y no el Régimen mismo; nosotros, gente de la calle, de tres al cuarto y nada revolucionarios, quienes tenemos que decir a nuestros conciudadanos: ¡Españoles, vuestro Estado no existe! ¡Reconstruidlo!

Delenda est Monarchia.

15 de noviembre de 1930

UN PROYECTO

El día 5 de febrero, poco después de haberse constituido el Gobierno Berenguer, publiqué en *El Sol* un artículo titulado «Organización de la decencia nacional». La doctrina de aquel artículo y la del que apareció hace poco bajo el epígrafe «El error Berenguer», son idénticas. La expresión es en ambos un poco diferente, porque lo era también la ocasión. Sin embargo, a las llamadas «izquierdas», una vez más les enojó entonces mi prosa. Ahora he de decir que las fórmulas del artículo antiguo me parecen técnicamente más rigorosas que las del reciente. Cierto es que en ellas no mostraba insistencia ninguna en «definirme». Pero ¿quiere decírseme qué importancia tenía el que yo me definiera o no? ¿Qué hueso roto de España se arregla con eso? Lo siento mucho; pero llevo veinticinco años combatiendo el nivel aldeano y ridículo en que se actúa y se piensa la vida pública de España, y no hay razón para que ahora lo acepte. Si yo no he tenido prisa en «definirme» es porque considero que eso no interesa a nadie. Todo el mundo sabe que yo no «pinto» nada, que no represento a nadie, aunque me lea alguna gente; que no tengo fuerza social bastante para mandar cantar a un ciego, que vivo en un rincón con unos cuantos compañeros de trabajo dedicado a estudios, los cuales significan poco en la vida pública de España y menos en su vida política. ¿Se quería que me apresurase a engolar la voz y cantar el aria de mi definición, así, con dos o tres palabras mágicas, cuando vengo escribiendo sobre política desde hace un cuarto de siglo? ¡Vamos, hombre! No soy un señor solemne que se adjudique fraudulentamente valores y poderíos que no posee. Siempre me he presentado ante mis compatriotas, diremos castizamente, como un intelectual a cuerpo limpio, sin amparos, embozos ni apoyos adjuntos; por tanto, como un hombre que ofrece sus pensamientos sobre asuntos nacionales y humanos, que intenta definir las cosas; nada más. Si sus ideas son discretas, su labor será fértil y respetable. Si no, quedará automáticamente eliminado. Por eso no puede contentarse el intelectual, cualquiera que sea el estadio de su vida, con hacer valer una supuesta autoridad lograda por su obra anterior. No; tiene que reganarse esa autoridad siempre de nuevo, en cada día, en cada línea que escribe, consiguiendo que sea inteligente. Esto es lo que el oficio intelectual tiene de maravillosamente limpio; es también lo que tiene de terriblemente duro y dramático.

Me parece que es más que suficiente lo que he hablado de mí. Pero era necesario, como es necesario al ejecutar la segunda regla de la aritmética hablar del sustraendo, precisamente para restarlo, para echarlo fuera de la cuenta. Era necesario, porque en esta temporada tengo que hablar al público de cuestiones muy graves, y es preciso que mis relaciones con él vayan muy pulcras. Conste, pues, que en esta fecha no hay nadie, absolutamente nadie, tras de mis palabras. El público ha de otorgarles sólo la autoridad que ellas, una por una y línea por línea (en contexto con toda mi obra), merezcan, más la que quiera buenamente conceder o no conceder a mi persona. Si en otra fecha las cosas cambian y detrás de mis palabras hay gente, mucha gente, tendré derecho a decirlo al lector y el lector tendrá obligación de creerme.

EL HECHO INDISCUTIBLE

Ante todo, es preciso que cuantos hombres haya de intención a un tiempo clarividente y honrada se esfuercen en peraltar el nivel donde ha de moverse la discusión y aun la lucha que el Destino, queramos o no, ha traído ahora sobre España. Debe haber en este punto una como conjuración espontánea de todos, sean quienes sean y piensen lo que piensen. ¡Estamos en 1930! La vida del mundo, cada vez más solidaria, más planetaria, ha apretado terriblemente sus exigencias y reclama de los pueblos, si quieren subsistir, ciertas condiciones mínimas de modernidad, de inteligencia, de eficacia (piense el lector aunque no sea más que en el lado económico de una existencia nacional). Nos es ya imposible seguir siendo los aldeanos arcaicos que venimos siendo. El nivel mínimo de nuestros actos, inclusive, repito, en la disputa y en la lucha, tiene que ser otro. Hay que acabar con las astucias y los matonismos de villorrio.

Para esto es menester defender enérgicamente la claridad de la situación en lo que tiene de substancial frente a todo intento de sofisticación y de embarullamiento, frente a la mala fe rural de una parte de las llamadas «derechas» y la procacidad o el ciego arrebato de una parte de las llamadas «izquierdas» (Julián Besteiro, en un artículo de tono ejemplar, aplica recientemente a elementos de la más extrema «izquierda» la frase de Lenin sobre «los que padecen ataques de radicalismo infantil»). Lo cual no es pretender «buendiosear» sobre los partidos. Es, sencillamente, exigir que el nivel de la vida pública de España esté a la altura de los tiempos. Nada más.

Ábrase todo el margen que se quiera para la discrepancia en las opiniones; pero los hechos, los hechos inopinables e indestructibles, tienen que estar bien claros ante las mentes de todos los españoles, y es intolerable, sobre ser inocente, que se les quiera escamotear, confundir y emborronar. Los hechos son éstos.

No se trata de que unos pocos o unos muchos ciudadanos hayan resuelto un buen día, caprichosamente, transformar las instituciones del Estado español normal y satisfactoriamente constituido. La realidad es rigorosamente inversa. Es el Estado español mismo quien un buen día ha roto su propia continuidad de institución legal, rebelándose frente a la nación en forma de dictadura extrema y absoluta. Ha dejado de ser Estado en el sentido de estado de derecho, y se ha convertido en simple estado de fuerza. Con este hecho nos hemos encontrado los españoles. Ese hecho está ahí indubitable, sólido, tremendo –como una barrera de granito interceptando todo posible futuro de España. Ese hecho se nos impone a todos, a los supermonárquicos como a los archirrepublicanos, y cualesquiera sean nuestros designios o decisiones privadas, no consentirá que se le quiera eludir. No lo consentirá él, él mismo, con su indestructible realidad –no yo, no cuatro fulanos. No se trata ahora de «ideas» políticas, de lo que piense yo o usted, lector; se trata de una realidad histórica de máximo tamaño.

La política, la táctica, la destreza, el ingenio, pueden libremente, aun saltando por la moral, tergiversar, ocultar, enmarañar, muchas cosas en la vida pública; pero hay ciertas realidades substantivas contra las cuales todo eso se estrella. Por eso, ante ellas no hay más «política» ni más táctica que reconocerlas paladinamente, situarse en limpio sobre ellas. Lo demás es... torpeza aldeana. Al ver que, no obstante, se intentaba comenzar por la prestidigitación de hecho tan enorme, yo, que soy hombre pacífico y bastante manso, por una vez me he indignado. Me he indignado ante el amago de querer retrotraer, en pleno siglo xx, la vida pública de una nación con veintitantos millones de habitantes a las dimensiones de un concejo rural trasañejo, donde el secretario de Ayuntamiento amaña el acta de una sesión. ¿Quién puede honestamente censurarme por ese brote de plenaria indignación? Sólo el que, como yo, haya entregado más de media vida, con su salud y todo, a la lucha permanente contra el tono ruin y el achabacanamiento de la existencia española, y se encuentre al cabo de ello, en más que la madurez, con un trapo atrás y otro delante, como me acontece a mí. Mas estoy cierto de que los que hayan hecho eso o cosa parecida no me censuran.

Sólo me censurará algún señorito banquero o aristócrata que no ha hecho nada en su vida, y menos pensar cinco minutos seguidos sobre los destinos profundos de nuestra España.

Conviene que ciertos grupos palatinos y de extrema «derecha», que ciertos elementos con arma al costado, abran bien los ojos sobre el hecho que he enunciado y se esfuercen lealmente en no confundir las cosas. Que no se trata de una conspiración y nada más, de un «pronunciamiento» que unos militares valientes puedan hacer en tal madrugada lívida. Ese «pronunciamiento» no es difícil de sofocar. Pero con eso no se habrá hecho nada, absolutamente nada. La situación histórica, en lo que tiene de real, seguirá en pie. A una realidad histórica no la fusila nadie; es ella quien nos triturará a todos si no la aceptamos, porque es un destino inexorable, más duro que el más duro acero; en cierto modo, y a fuer de destino y no capricho humano particular, es Dios mismo, que de pronto intercepta con sus hombros el flujo de vileza cotidiana en que un pueblo sin dignidad ha caído. (Se dirá, claro está –y por los más piadosos–, que Dios sobra; pero yo no encuentro vocablo más noble y con menos letras para nombrar esas situaciones tremendas que, aniquilando todas nuestras astucias y nuestro humano albedrío, se nos plantan delante con ceño fatídico).

Pero no queda dibujado adecuadamente el hecho cuando se dice que el Estado español dejó de ser Estado jurídico al rebelarse en Dictadura. Resulta falso decir esto sólo, porque la Dictadura no surgió por generación espontánea, sin nexo con el pasado. Es evidente que si el Estado creyó forzoso entregarse a los peligros superlativos que acarrea una Dictadura, fue porque no podía sostener ni siquiera las últimas y espectrales apariencias de su legalidad. Es decir, que el Estado español venía de antiguo funcionando mal, que había perdido o no había tenido nunca en dosis suficiente los prestigios históricos, que son el capital energético de que un Estado vive; que había necesitado ensayar expediente tras expediente para fingir una estabilidad que no tenía, que se había arrastrado lustro tras lustro a fuerza de cometer abusos, todos los abusos de que una aparente legalidad puede ser cómplice. Nada de esto habría sido menester si el Estado español hubiese sido el Estado de los españoles, quiero decir, si éstos, cualesquiera fuesen sus discordias y querellas, se hubiesen sentido dentro de él como en su casa solar y en su asiento jurídico. Mas todo eso fue preciso porque el Estado no era la nación, no coincidía con ella, no estaba –como digo desde 1914– «nacionalizado». Era, por el contrario, un poder externo a la nación y no fundido con ella. Sus intereses no eran los de todos, y el español medio –aun el no adscrito a estas o a las otras «ideas» políticas– no se sentía representado en él. Si un día no se daba cuenta de ello –por la ceguera egoísta del español, que le impide darse cuenta de las cosas hasta que no le pasan a él mismo–, sobrevenía otro en que tropezaba con algún abuso del Poder público que lo hundía, lo vejaba, lo humillaba.

Silvela lo declaró en la mañana de este siglo: «España está en período constituyente». El pecado máximo de los «viejos políticos» fue, no el peculado ni el despilfarro, como se les imputó populacheramente durante la Dictadura, sino el no haber querido la reforma del Estado, cuando ellos, mejor que nadie, veían hasta qué punto era ineludible (así lo hice constar *durante* la Dictadura). Al ser enterrado don Antonio Maura se encontró al borde de su tumba un proyecto de Constitución. Según parece, era éste el retoque último, en las postreras semanas de su noble existencia, de otro u otros proyectos –anteriores a la Dictadura. La vida de Maura fue el clamor incesante ante el hecho de que el *Estado* español no era el Estado *español*, que era un Estado por esencia fraudulento. Haber reconocido siempre esto, sin desconocer los errores de don Antonio Maura, me ha valido muchos denuestos de las llamadas «izquierdas», que me dan hoy el derecho a autorizarme con su nombre. Sin embargo, no debía ser yo, precisamente yo, quien hiciese cruzar por el fondo sombrío del nacional presente esta figura casi romántica de Maura, «con su rostro yodado y barba de un blanco inencontrable, porque era el Comendador que aparecía en todos los festines de la disipación», según dice en libro recientísimo un generoso y alegre poeta de ahora.

Todas estas frases designan hechos sobradamente notorios, que juntos forman el hecho grande, el hecho fundamental de la historia española en los últimos treinta años, a saber: la anormalidad constitutiva de nuestro Estado. No vale, pues, referirse *sólo* a la Dictadura. Ésta termina y frenetiza el proceso de descomposición del Estado español, que empieza aproximadamente en 1900 (a demostrar parte de esto dediqué diecisiete artículos seguidos en tiempo de la Dictadura)[1].

Suponer que no ha pasado nada es, pues, no sólo el intento paleto de saltarse a la torera la vesania dictatorial, sino dar por no sidos treinta años de existencia nacional. Y esto es ya demasiado tosco y demasiado frívolo para que no produzca en el país una irritación extrema y definitiva.

No puede haber en toda la Península una sola persona seria y con mente responsable de su decir que no reconozca de algún modo la forzosidad de constituir, *por fin*, un Estado nacional que pueda de verdad conducir a España por el difícil tiempo que viene.

---

1. Son los que constituyen la primera parte de este libro.

PARA LOS QUE NO QUIEREN
UN NUEVO ESTADO

Se encuentra, pues, la vida de nuestra nación ante una peripecia de máximo calibre, y ahora se va a ver si los españoles son capaces, en serio, de hacer historia, si tienen magnanimidad. Porque con almas pequeñas no se hace historia; se hace, a lo sumo, «aldea». Es preciso que todos, cualesquiera sean nuestra doctrina y nuestro amor, intentemos ensanchar nuestras almas en las tres dimensiones de la reflexión mesurada, de la energía y del entusiasmo por los destinos de España.

Queramos o no, tenemos que forjar un nuevo Estado. Ya sé que hay quienes no quieren: ciertos grupos palatinos y de extrema «derecha», ciertos elementos con arma al costado. Pero el no querer no exime de pensar en si es posible no querer.

Supongamos un instante que renunciamos a crear enérgicamente un nuevo Estado, bien unido con la nación y pertrechado a la altura de los tiempos. ¿Qué pasaría entonces? ¿Se vislumbra algún medio, fuera de la magia, para que el Estado actual, que ha perdido por completo su normalidad histórica, pueda, en día más o menos próximo, reaparecer ungido de los prestigios nacionales que hoy le faltan? O, más crudamente dicho: ¿puede con ese Estado volver a ser normal la vida pública de los españoles? No se ve por qué vía. Al contrario, ese Estado sólo puede prolongar la ficción de su estabilidad aprovechándose en forma cada vez más extrema de los vicios nacionales, de la inercia del celtíbero, de la facilidad con que se deja sobornar. Pero estos usos, es decir, estos perennes abusos, son los que han descalificado al Poder público y han hecho que el Estado sea cada vez menos un Estado de la nación. Se ha empleado el Poder público, que es de todos –sus dineros y su fuerza coercitiva–, para sostener ficticiamente, y contra el deseo profundo de la inmensa mayoría, cierto sistema estatal. El cual, por lo mismo, dejaba de ser el Estado de todos y se convertía en un partido, en una facción. Para ello era menester soltar cotidianamente nuevo lastre de decoro, poner el Poder público al servicio de intereses particulares o amenazar con él abusivamente a los que no eran dóciles. Este arrastre a lo largo de un progresivo envilecimiento y debilitación de la existencia nacional es la única verosimilitud de pervivencia que el Estado actual posee.

Y entretanto bate la urgencia de la hora, por todos lados, a la nación. El resto del mundo se apresta a una vida dura y difícil que sobreviene. Todas las agilidades y solidaridades serían pocas para situar a España *en forma* frente al tiempo que amenaza. Para no citar sino un detalle. Contra lo que el vulgo cree, es el problema del cambio un mal muy secundario de nuestra substancia económica. Lo verdaderamente grave, lo gravísimo, es que necesitamos, de una manera radical y rapidísima, transformar de arriba abajo, íntegra, la producción nacional, por la sencilla razón de que el tipo de costo de esa producción es fantásticamente elevado sobre el nivel a que ha llegado en el resto del mundo. Esto sí que no es una frase, sino una terrible amenaza de ser aplastados. Y faena tal, ¿va a poderse acometer con un Estado en entredicho, que no ofrece la menor confianza a la mayoría de los españoles? Entre las cosas que es inminente hacer en nuestro país, esto es sólo un detalle, y bien se ve que es enorme. Porque, sin salirse de él, puede el lector imaginar toda la cantidad de otras cosas gigantes que es preciso hacer para cambiar el modo de la producción. Y esas cosas, ¿se van a hacer cuando, sin exagerar nada, las cuatro quintas partes de los hombres más hábiles que hay en España se niegan a aceptar el Estado actual, porque no se fían de él?

Reflexionen, pues, esos grupos que se obstinan en su noluntad, en su no querer una nueva forma de convivencia española. Y háganme un obsequio, que no sería cortés negarme, por lo sencillo y lo innocuo de la demanda: relean, si no la tienen fresca, la historia de las revoluciones en España y fuera de España. Verán que esa historia es siempre la misma. Hay una intentona, una conspiracioncita, un «pronunciamiento», que fácilmente el Gobierno domina y castiga. Fusilamientos, muchos fusilamientos. Pero otro día, otra intentona parecida, que también sofoca el Gobierno. Y así sucesivamente. El Gobierno se harta de triunfar, y un buen día se levanta más seguro que nunca. Pero he aquí que al llegar la prima noche, el Gobierno se ha desvanecido. Entre el *angelus* matinal y el vespertino, sin que se sepa cómo, ha triunfado la revolución, a pesar de innumerables fusilamientos.

PARA LOS QUE QUIEREN, SIN MÁS, UNA REVOLUCIÓN

Pero aunque una revolución triunfe no quiere decir que sea deseable. Los que me lean saben hasta qué punto y por qué robustas razones no creo en la adecuada fertilidad de ninguna revolución, ni de las futuras ni de las pasadas, incluyendo la más ilustre de Francia. Es éste un punto en que hemos aprendido una óptica distinta de la vigente en el siglo pasado. Sin embargo, puedo yo estar en un craso error. Yo no quiero tampoco oponer mis opiniones personales, que además requerirían más minuciosa expresión, a los que juzgan necesario «hacer», así, sin más ni más, una revolución en España. Parejamente he procurado, en cuanto es posible a un pobre humano, eliminar mis opiniones personales frente a los que no quieren un nuevo Estado. He intentado –con grandes probabilidades de fracaso, sin duda– hacer hablar las cosas mismas y que mi voz se esforzase en ser anónima. No discuto, pues, con los «revolucionarios» sobre las revoluciones en general. Supongamos también que son ellos quienes llevan la razón cuando dicen que un nuevo Estado sólo puede surgir revolucionariamente. Muy bien. Pero también fuera oportuno que refrescasen la crónica de la revolución y viesen que jamás ninguna revolución auténtica ha sido en rigor «hecha» por este o el otro grupo. Antes de «ejecutarse» la estampa de la revolución en la calle, estaba hecha y archihecha en el aire público y por el aire público, el más difuso y formidable personaje. Las revoluciones no se «preparan» como un golpe de mano; las revoluciones no son conspiraciones, tapujos, secretos, subterraneidad. Son todo lo contrario: aire público; mejor, vendaval en toda la rosa de los vientos, colaboración universal, exuberante y sin contraseña. Sólo cuando hay esto marcha la turbinita de los que conspiraron.

No. Hay que hacer muchas cosas antes de hacer la revolución. No se fabriquen ilusiones los que piensan lo contrario. Están en un error si creen que la gran mayoría de los españoles resueltos a crear otro Estado y no aceptar el actual se sienten representados por ellos. Sin que yo censure a nadie en particular –hay entre ellos personas a quienes estimo superlativamente–, no se puede ocultar que no han sabido aún limpiar la idea republicana de todo el polvamen manido que envuelve al viejo republicanismo tradicional, tan tradicional y tan inactual como el viejo monarquismo. La nueva figura de República 1930 no consta aún en las cabezas de los españoles. Y sólo eso importaría, porque la añeja carátula –1868, 1848, 1830– no nos sirve para nada.

Es una vergüenza que diez meses después de retirarse la Dictadura no se oiga hablar en público al país, sino *sólo* musitaciones de antiguo melodrama, que aunque se refieran a acciones serias o respetables, por su técnica extemporánea dan motivo para que sobre ellas cabalgue todo el botaratismo de aldeón que aún queda en la superficie de España. Únicamente si la fuerza apretase las bocas estaría justificado el secreteo y el silencio. Pero entonces el silencio cobraría sin par elocuencia.

No; caminemos la vía en toda su longitud. No dejemos de hacer todo lo que hay que hacer. Se trata precisamente de no peruanizar ni venezolanizar a España. Y no vale ni siquiera hablar de revolución cuando aún no se ha intentado organizar en grande la opinión del país.

NECESIDAD DE UNA JUNTA MAGNA PARA LA REORGANIZACIÓN DEL ESTADO ESPAÑOL

Aspiramos a instaurar un Estado que lo sea para todos los españoles. Queremos hacer una casa muy grande y generosa, donde quepan todos. Mas, por lo mismo, es preciso que en su gestación intervenga *desde luego* el mayor número posible de españoles. Claro es que los que no quieren un nuevo Estado se excluyen a sí mismos de esta amplísima colaboración.

Hace falta preparar las mentes para el perfil del nuevo Estado y organizar a la nación toda con vistas a él. Desde la capital hasta el pueblín. Porque antes de que el Estado sea ley tiene que ser una realidad plasmada ya y articulada en la vida española.

Todo esto implica un supuesto ineludible. Tiene que haber una deliberación serena y solemne, donde de algún modo pueda llegar la voz de todos. Sólo de tal deliberación puede salir un *dictamen* verdaderamente nacional y magnánimo. Lo demás será perpetuación de la tertulia, el grupo angosto, la banda maniática.

Cuando un pueblo se encuentra ante el hecho insubsanable que hoy halla ante sí todo español –su Estado en entredicho–, no hay otra cosa posible sino que los ciudadanos tomen en sus propias manos la dirección intransferible de sus propios destinos.

A este fin urgiría la reunión de una Junta magna para la reorganización del Estado español. Se compondría de ciento cincuenta o doscientas personas, en que estarían formalmente representadas no sólo todas las direcciones políticas que coinciden como mínimo en la necesidad de un nuevo Estado y la imposibilidad de resellar el actual, sino todas las grandes fuerzas nacionales –industria, banca, Universidad, obreros, Asociaciones de producción, Prensa, letras, etcétera. Esos representantes serían elegidos en unas grandes elecciones espontáneas sobre todo el territorio español, que significarían ya por sí mismas la primera labor de organización para la nueva política que recibiría el país.

Yo no soy quién para determinar el pormenor de esas elecciones, el procedimiento de votación, el reparto de representaciones. Este proyecto hace ineludible que surja un grupo de personas, dotadas de la mayor autoridad social y pertenecientes a los campos más distintos, el cual tome sobre sí su elaboración y ejecución. Lo que sí me parece desde luego evidente es la línea que demarcará quiénes pueden votar y quiénes no: tomar parte en la elección equivale a declarar con rigoroso formalismo que se quiere un nuevo Estado. Por tanto, desde los que propugnan unas Cortes constituyentes hasta los que quieren bañarse en la onda procelosa de la revolución.

Este movimiento para la elección de una Junta magna que represente de modo fidedigno y con precisión estadística a los españoles entusiastas de una nueva España tiene todas las ventajas de las mejores actuaciones políticas. Aun suponiendo en vigor estricto la ley, es exquisitamente correcto. Sería como una gigantesca Liga política. Podría hacer cotizaciones de gran importancia y pertrecharse con todos los medios que hoy requiere cualquiera acción política segura y eficaz. Sería sobre todo operación paladina y, a un tiempo, haría la propaganda sobre el ciudadano y la educación pública del hombre español.

No hay que hacerse ilusiones. El mundo, en la medida que atiende a los sucesos de España, no espera de nosotros más que sandeces. Sólo unos pocos europeos y americanos de vista más larga han sabido avizorar en lo lejano una sorprendente alborada ibérica. Y aunque no hubiera razones más sustantivas para que todo español se resuelva a poner en actividad lo mejor de sí mismo, bastaría el deseo de sorprender al mundo dando a la grave situación de España una solución ejemplar, en que aparezcan egregiamente mezcladas la reflexión y la energía. En 1812 hicimos una Constitución, que fue copiada por todo el Continente. No está dicho que no podamos ahora ofrecerle otro modelo. Bastaría para ello que los españoles se resolviesen a sacudir su inercia y sus prejuicios, y sobre todo, a ser lo que han sido algunas veces en su historia: magnánimos y fieles a las grandes empresas.

Una vez más pido que se lea todo esto como si lo pronunciase una voz anónima.

6 de diciembre de 1930

Escritos políticos (1931-1933)

Agrupación al Servicio de la República

[MANIFIESTO]

Cuando la historia de un pueblo fluye dentro de su normalidad cotidiana parece lícito que cada cual viva atento sólo a su oficio y entregado a su vocación. Pero cuando llegan tiempos de crisis profunda, en que rota o caduca toda normalidad van a decidirse los nuevos destinos nacionales, es obligatorio para todos salir de su profesión y ponerse sin reservas al servicio de la necesidad pública. Es tan notorio, tan evidente, hallarse hoy España en una situación extrema de esta índole que estorbaría encarecerlo con procedimientos de inoportuna grandilocuencia. En los meses, casi diríamos en las semanas, que sobrevienen tienen los españoles que tomar sobre sí, quieran o no, la responsabilidad de una de esas grandes decisiones colectivas en que los pueblos crean irrevocablemente su propio futuro. Esta convicción nos impulsa a dirigirnos hoy a nuestros conciudadanos, especialmente a los que se ocupan en profesiones afines con las nuestras. No hemos sido nunca hombres políticos; pero nos hemos presentado en las filas de la contienda pública siempre que el tamaño del peligro lo hacía inexcusable. Ahora son superlativas la urgencia y la gravedad de la circunstancia. Esto, y no pretensión alguna de entender mejor que cualesquiera otros españoles los asuntos nacionales, nos mueve a iniciar con máxima actividad una amplia campaña política. Debieron ser personas mejor dotadas que nosotros para empresas de esta índole quienes iniciasen y dirigiesen la labor. Pero hemos esperado en vano su llamamiento y como el caso no permite ni demora ni evasiva nos vemos forzados a hacerlo nosotros, muy a sabiendas de nuestras limitaciones.

El Estado español tradicional llega ahora al grado postrero de su descomposición. No procede ésta de que encontrase frente a sí la hostilidad de fuerzas poderosas, sino que sucumbe corrompido por sus propios vicios sustantivos. La Monarquía de Sagunto no ha sabido convertirse en una institución nacionalizada, es decir, en un sistema de Poder público que se supeditase a las exigencias profundas de la nación y viviese solidarizado con ellas, sino que ha sido una asociación de grupos particulares que vivió parasitariamente sobre el organismo español, usando del Poder público para la defensa de los intereses parciales que representaba. Nunca se ha sacrificado, aceptando con generosidad, las necesidades vitales de nuestro pueblo sino que, por el contrario, ha impedido siempre su marcha natural por las rutas históricas, fomentando sus defectos inveterados y desalentando toda buena inspiración. De aquí que día por día se haya ido quedando sola la Monarquía y concluyese por mostrar a la intemperie su verdadero carácter, que no es el de un Estado nacional, sino el de un Poder público convertido fraudulentamente en parcialidad y en facción.

Nosotros creemos que ese viejo Estado tiene que ser sustituido por otro auténticamente nacional. Esta palabra *nacional* no es vana; antes bien, designa una manera de entender la vida pública que lo acontecido en el mundo durante los últimos años de nuevo corrobora. Ensayos como el fascismo y el bolchevismo marcan la vía por donde los pueblos van a parar en callejones sin salida, por eso, apenas nacidos padecen ya la falta de claras perspectivas. Se quiso en ambos olvidar que, hoy más que nunca, un pueblo es una gigantesca empresa histórica, la cual sólo puede llevarse a cabo o sostenerse mediante la entusiasta y libre colaboración de todos los ciudadanos unidos bajo una disciplina más de espontáneo fervor que de rigor impuesto. La tarea enorme e inaplazable de remozamiento técnico, económico, social e intelectual que España tiene ante sí no se puede acometer si no se logra que cada español dé su máximo rendimiento vital. Pero esto no es posible si no se instaura un Estado que por la amplitud de su base jurídica y administrativa permita a todos los ciudadanos solidarizarse con él y participar en su alta gestión. Por eso creemos que la Monarquía de Sagunto ha de ser sustituida por una República que despierte en todos los españoles, a un tiempo, dinamismo y disciplina llamándolos a la soberana empresa de resucitar la historia de España, renovando la vida peninsular en todas sus dimensiones, atrayendo todas las capacidades, imponiendo un orden de limpia y enérgica ley, dando a la justicia completa transparencia, exigiendo mucho de cada ciudadano: trabajo, destreza, eficacia, formalidad y la resolución de levantar nuestro país hasta la plena altitud de los tiempos.

Pero es ilusorio imaginar que la Monarquía va a ceder galantemente el paso a un sistema de Poder público tan opuesto a sus malos usos, a sus privilegios y egoísmos. Sólo se rendirá bajo una formidable presión de la opinión pública. Es, pues, urgentísimo organizar esa presión haciendo que sobre el capricho monárquico pese con suma energía la voluntad republicana de nuestro pueblo. Ésta es la labor ingente que el momento reclama. Nosotros nos ponemos a su servicio. No se trata de formar un partido político. No es sazón de partir sino de unificar. Nos proponemos suscitar una amplísima «AGRUPACIÓN AL SERVICIO DE LA REPÚBLICA», cuyos esfuerzos tenderán a lo siguiente:

1.º Movilizar a todos los españoles de oficio intelectual para que formen un copioso contingente de propagandistas y defensores de la República española. Llamaremos a todo el profesorado y magisterio, a los escritores y artistas, a los médicos, a los ingenieros, arquitectos y técnicos de toda clase, a los abogados, notarios y demás hombres de ley. Muy especialmente necesitamos la colaboración de la juventud. Tratándose de decidir el futuro de España, es imprescindible la presencia activa y sincera de una generación en cuya sangre fermenta la sustancia del porvenir. De corazón ampliaríamos a los sacerdotes y religiosos este llamamiento, que a fuer de nacional preferiría no excluir a nadie; pero nos cohíbe la presunción de que nuestras personas carecen de influjo suficiente sobre esas respetables fuerzas sociales.

Como la «AGRUPACIÓN AL SERVICIO DE LA REPÚBLICA» no va a modelarse en partido, sino a hacer una leva general de fuerzas que combatan a la Monarquía, no es inconveniente para alistarse en ella hallarse adscrito a los partidos o grupos que afirman la República, con los cuales procuraremos mantener contacto permanente.

2.º Con este organismo de avanzada, bien disciplinado y extendido sobre toda España actuaremos apasionadamente sobre el resto del cuerpo nacional, exaltando la grande promesa histórica que es la República española y preparando su triunfo en unas elecciones constituyentes, ejecutadas con las máximas garantías de pulcritud civil.

3.º Pero, al mismo tiempo, nuestra «AGRUPACIÓN» irá organizando, desde la capital hasta la aldea y el caserío, la nueva vida pública de España en todos sus haces, a fin de lograr la sólida instauración y el ejemplar funcionamiento del nuevo Estado republicano.

Importa mucho que España cuente pronto con un Estado eficazmente constituido, que sea como una buena máquina en punto, porque bajo las inquietudes políticas de estos años late algo todavía más hondo y decisivo: el despertar de nuestro pueblo a una existencia más enérgica, su renaciente afán de hacerse respetar e intervenir en la historia del mundo. Se oye con frecuencia, más allá de nuestras fronteras, proclamar, como el nuevo hecho de grandes proporciones que apunta en el horizonte y modificará el porvenir, el germinante resurgir ibérico a ambos lados del Atlántico. Nos alienta tan magnífico agüero; pero su realización supone que las almas españolas queden liberadas de la domesticidad y el envilecimiento en que las ha mantenido la Monarquía, incapaz de altas empresas y de construir un orden que, a la vez, impere y dignifique. La República será el símbolo de que los españoles se han resuelto por fin a tomar briosamente en sus manos propias su propio e intransferible destino.

José Ortega y Gasset.   *Gregorio Marañón.*   *Ramón Pérez de Ayala.*

Las personas que deseen prestar su adhesión se dirigirán, preferentemente por escrito, a nombre de uno de los firmantes, Avenida de Pi y Margall, núm. 9, piso C. Despacho 17, indicando su profesión y domicilio.

¡DEBÉIS HACER COPIAS DE ESTE LLAMAMIENTO Y REPARTIRLAS ENTRE VUESTROS AMIGOS!

1931

[Discurso en Segovia]

Ya lo habéis visto y oído, quiero decir que las palabras del doctor Marañón y de Pérez de Ayala son un ejemplo concreto y ya ejecutado de lo que venimos a hacer. Venimos, en una hora gravísima, dramática a razonar ante vosotros sobre los destinos nacionales –a exigiros que abráis bien vuestra inteligencia a la comprensión del instante decisivo en que se halla la historia de España y elevéis vuestro corazón sobre la rutina de las emociones cotidianas para decidiros a una acción fortísima. Sabéis bien, si cada cual recuerda la experiencia de su vida privada y personal, que no todos los días son iguales ni pueden afrontarse todas las situaciones con el mismo temple. Hay las jornadas monótonas, en que se hace hoy lo que se hizo ayer y no requieren de nosotros poner a gran tensión nuestro ánimo. Pero hay otras en que os encontrasteis ante un problema grave de vuestra existencia íntima, días de enorme angustia o de alta esperanza que exigían de vosotros enérgicas resoluciones. Evidentemente, en jornadas tales, vuestro temple interior no era el mismo que sentíais en las habituales, sino que para resolver la difícil situación necesitasteis concentraros en vosotros mismos, como un ejército que forma el cuadro y reúne sus ímpetus para dar la gran embestida salvadora. Es falso dividir los días sólo en días de fiesta y días de labor –hay además otros días menos frecuentes pero mucho más importantes que son los días de decisión, de resolución. De esos días, si recordáis, dependió la que luego fuese vuestra vida, son los grandes días en que creamos nuestro destino.

Pues esto es cierto con verdad aún más rigorosa cuando se trata de la existencia nacional. De pronto, un pueblo que vivía inerte, desmoralizado, se encuentra ante una situación de suma gravedad: va a decidirse toda una época futura de su historia. Si ese pueblo no se recobra, si no se incorpora enérgico y acepta valientemente la faena difícil que el destino lanza sobre él, queda para siempre arrinconado en el mundo, subalterno, despreciado y las otras naciones al seguir su marcha sobre los tiempos dicen al pasar: «he ahí un pueblo condenado a envilecimiento, porque no tuvo energía para hacer con sus propias manos su propia historia».

Por eso, decía, venimos a exigiros que abráis bien las mentes y exaltéis vuestros corazones. No venimos a pediros nada para nosotros, venimos a pediros mucho para vosotros, para vuestra noble ciudad, vieja de mil años, para vuestros campos, para vuestros hijos. No hemos sido ni somos políticos. Nadie pretenda, pues, que nuestros actos, palabras y modos coincidan con los usados por quienes se ocupan profesionalmente de política. Salimos de nuestras ocupaciones acostumbradas para actuar en la vida pública, convencidos de que es hoy, para todos, deber inexcusable –pero, bien entendido, que actuaremos según nuestra condición de trabajadores intelectuales –con el razonamiento, con la reflexión, con la palabra efusiva, en reuniones privadas, en conferencias unipersonales o de varios como ésta, organizando en todas partes grupos severos y de seria conducta y creando en torno nuestro una rigorosa disciplina. Queremos construir un orden, el orden de una España que puede ser magnífica. Y os incitamos a que vosotros, los que nunca hicisteis política, sigáis nuestro ejemplo. Nosotros vivíamos cómodamente sumergidos en nuestro oficio, y, según es notorio, rodeados de halagos. Sin embargo, hemos brincado fuera de esa atmósfera grata que respirábamos para arrojarnos a la áspera intemperie de la lucha política. Comprenderéis que no hubiéramos hecho tal cosa si no estuviésemos convencidos hasta el fondo de que la circunstancia lo reclama, lo exige de todo hombre y de toda mujer que se estimen a sí mismos. Haced, pues, lo que nosotros hemos hecho. Sacudid vuestra inercia, poned vuestras personas al servicio del nuevo Estado, de la República española que vamos a edificar.

Se nos ha preguntado estos días por qué no iniciábamos esta campaña nacional en Madrid donde residimos.

Muchas razones hay para ello, tantas que enunciarlas requeriría harto más tiempo del que ahora nos es dado. Pero hay sí una razón fundamental que nos urge manifestar.

Hemos comenzado aquí y no en Madrid porque consideramos que el porvenir de España depende hoy de las provincias. Si éstas no se ponen en pie –si no sienten el orgullo de sí mismas, si no se resuelven a dirigir su propia vida pública y prosiguen siendo el lugar donde la ficción política se amañaba– no será posible el renacimiento de España. Comenzar por Segovia es para nosotros un símbolo.

España no es sólo Madrid y Barcelona y tres o cuatro capitales más que forman el escaparate más visible de la vida peninsular –sino esa enorme masa profunda, latente, agarrada al terruño que es la provincia. La política de la Monarquía ha consistido en inutilizar los esfuerzos, las inquietudes y los entusiasmos de esas grandes capitales, aprovechando contra ellas la inercia provincial. Ella os imponía sus candidatos en las elecciones y en vez de sonrojarse al ver que vosotros por abandono dejabais en manos de cualquiera la representación de vuestros intereses y aspiraciones, segura de que no protestaríais nunca, se permitió todas las arbitrariedades, contando con que, a la postre, en unas elecciones aplastaría la hostilidad de las capitales, donde había auténtica elección, con la docilidad de la provincia donde los votos eran ficción. Esto es de toda evidencia. ¿Creéis que si la Monarquía hubiese sospechado que en los distritos rurales se iba a votar de modo consciente y con independencia –como en Madrid, Barcelona, Zaragoza, Valencia– habría vivido tan a gusto y se hubiera permitido la violación de todas las leyes y el abuso de todos los usos?

Ahora mismo, convocando cínicamente un Parlamento cuya legalidad no existe cuenta una vez más con que aún seáis inertes, con que refrendéis los candidatos que el hombre de Gobernación os envíe y que de este modo, sin daros cuenta, como sonámbulos, cubráis con un reanudamiento de las formas jurídicas el crimen absoluto que fue la Dictadura. Es decir, que la Monarquía descuenta ante la historia vuestros vicios de inercia política, como en un Banco se descuenta un cheque. Por eso, he dicho, que la Monarquía ha vivido de especular sobre los vicios nacionales.

Como no vengo a pediros nada para mí, no tengo por qué halagaros –no–, tenéis sobre vuestra conciencia decenios de culpa: habéis cometido el pecado de no exigiros a vosotros mismos, con indomable orgullo, el ser dueños de vuestros propios destinos.

Pero aquí precisamente toma su vuelo mi esperanza. Yo creo que casi todas las provincias españolas han despertado y que sienten hervir en su intimidad la frenética voluntad de dirigir su propia vida, de imponer su resolución de que se construya un nuevo Estado, en el cual quede respetada vuestra existencia local con sus peculiares intereses y necesidades.

En largos estudios, desde hace muchos años, he expresado mi convicción de que en eso, en el levantamiento civil de las provincias, radica la única posibilidad de una nueva España. Por eso, aunque estoy enfermo y cansado, yo caminaré todos los caminitos venerables de nuestra España, dando al viento ese grito de fe: ¡eh, las provincias, de pie!

Comprenderéis que en la vida pública contemporánea son la representación y las elecciones que la crean el sacramento radical de la vida civil. Abusar de él, burlarlo, suplantarlo, envilecerlo, es, pues, el sacrilegio mayor que dentro de la esfera humana se puede cometer. Pues bien, eso ha hecho concienzudamente, una y otra vez, durante cincuenta años, el Poder Público de la Monarquía. Y si ha hecho esto en aquel punto de actuación civil que es raíz sagrada de toda la legalidad estatal, calcúlese lo que ha hecho al manejar todas las demás leyes. Se cuenta a un extraño y no lo cree: que el Poder Público, él mismo, emplee abusivamente sus propias leyes, las desvirtúe, vilipendie y prostituya, es cosa, en efecto, difícil de creer, pero es la historia del Estado español durante medio siglo.

Si las provincias eran inertes y no sabían ejercitar el sacramento del voto, debió la Monarquía reformar cien veces el procedimiento electoral hasta conseguir que el español se curase de su viciosa desidia. Debió hacer todo lo imaginable antes que consentir la perduración de ese abandono, todo –menos acomodarse a él, menos contar con el vicio y el deshonor del ciudadano negligente y llegar inclusive a beneficiarse de él. Por haberse conducido así, gravita sobre la Monarquía de Sagunto una gigantesca responsabilidad que no suele ser perdonada por el Poder misterioso y excelso que rige el sino de la historia.

Yo os pido que os rebeléis contra esos viciosos usos del pasado –que os resolváis a dirigir vosotros mismos la vida de vuestra provincia, que sintáis con hiperestesia la dignidad de vuestra existencia local– y que comencéis por organizar vuestra ciudad y estas villas de larga leyenda –Cuéllar, Sepúlveda, Riaza, Ayllón–, nombres que tintinean al oído con resonancia de historia como viejos doblones finos. De ellas pasad al pueblín, a la aldea, al caserío; que toda la gente segoviana forme un bloque compacto, apretado por la presión del orgullo y la dignidad civiles. Combatid contra estas falaces elecciones que ahora se han convocado y disponeos a otras más grandes, auténticas, iniciación de un nuevo rumbo español: las elecciones para una Asamblea Constituyente.

En esa Asamblea será preciso organizar en nueva forma todo el cuerpo nacional. La palabra República –conste así– significa para mí no sólo la eliminación de la Monarquía sino la reforma radical de todas las demás instituciones tradicionales. Hay que cambiar la anatomía del cuerpo español a fin de que las fuerzas vivaces en él existentes cobren su máxima actividad y pueda España entrar a toda máquina en este tiempo nuevo que, quiérase o no, se está preparando sobre la redondez del planeta. No queremos una España triste sino una España emprendedora y triunfante. Por eso, sin que a nadie enoje y constando a todos nuestra entera lealtad, anunciamos un nuevo republicanismo que busca un sistema de instituciones cuyo espíritu y tendencias son muy diferentes de los que inspiraron al siglo xix. Los problemas del Estado son hoy distintos de los que surgieron en aquella centuria y como es el Estado la máquina que se crea para resolver los problemas públicos, claro es que sólo nos enciende la imagen de un Estado novísimo.

He aquí una muestra de estas innovaciones. Casi todos los Estados continentales, en medio de sus fertilísimos e innegables aciertos, cometieron el error de confundir los problemas de la vida local con aquéllos que afectan a toda la nación. En algunos países, como en Francia, por razones muy particulares no produjo esta confusión daños mayores. Pero en España fue funestísima. Hasta el punto de que ella trajo consigo la depresión de la provincia –depresión que, ¡conste!, no existía en el siglo xviii. Las grandes instituciones centrales, de la nación como tal, aplastaron la expansión moral de estas ciudades interiores, de estas campiñas, en vez de hostigarlas a una vida pública –política, económica e intelectual– más potente. De esta manera os encontrasteis reducidos al papel de servil clientela y torpe comparsa de unos cuantos hombres que agitaban su inanidad en la capital de la nación. Es evidente que esto no puede seguir y que es ineludible crear instituciones que pongan en vuestra responsabilidad la resolución de vuestros problemas locales y dignifiquen la vida provincial. Tenéis que dejar de ser provincianos y deciriros a ser provinciales –tal vez, providenciales.

Mas para esto es forzoso que acudan a la actuación política autónoma aquellas clases sociales que en cada provincia tienen mayor influjo sobre la colectividad. Los obreros hace mucho tiempo que, sirviéndonos a todos de ejemplo, combaten en la villa y en la aldea por sus aspiraciones. Pero los industriales, los comerciantes, las profesiones liberales, en suma, la gente que se tiene por sesuda, suele rehuir cautelosamente tomar posiciones independientes y enérgicas en la vida pública, con lo que logran lo más triste, que es ser ellos los humildes representantes de la vieja política farsante y pretendiendo ser en cada ciudad los más respetables, fueron sólo esa clientela mansa de los grandes tiburones políticos. Nosotros venimos a llamar con los nudillos en la puerta de su conciencia y decirles que si no son ellos, precisamente por su posición social, los más obligados a defender la dignidad de su provincia.

Yo no les pido que se dejen arrebatar por el poder de contaminación y de contagio sentimental que goza siempre una palabra fervorosa como las que habéis oído –no–, se trata de invitarles a ellos y a todos a una seria y mesurada pero enérgica reflexión sobre el momento decisivo en que está nuestra España, y los deberes y responsabilidades que dentro de él tiene vuestra provincia. Pero eso, reflexión y energía, clara deliberación y resuelta actuación en vista de ello, eso, sí os lo pido; os lo pido por vuestra ciudad viejísima, por honor del pasado segoviano que tuvo siglos de esplendor, por los surcos de vuestra tierra dura, por los pinos de vuestras serranías, por las arrugas venerables que labran la faz de vuestros labriegos, por el sino de vuestros hijos –os pido que nos ayudéis a hacer una España magnífica.

Agrupación al Servicio de la República

[UNAS CUARTILLAS]

Unas cuantas ciudades de la República han sido vandalizadas por pequeñas turbas de incendiarios. En Madrid, Málaga, Alicante y Granada humean los edificios donde vivían gentes que, es cierto, han causado durante centurias daños enormes a la nación española, pero que hoy, precisamente hoy, cuando ya no tienen el Poder público en la mano, son por completo innocuas. Porque eso, la detentación y manejo del Poder público, eran la única fuerza nociva de que gozaban. Extirpados sus privilegios, y mano a mano con los otros grupos sociales, las órdenes religiosas significan en España poco más que nada. Su influencia era grande, pero prestada: procedía del Estado. Creer otra cosa es ignorar por completo la verdadera realidad de nuestra vida colectiva.

Quemar, pues, conventos e iglesias no demuestra ni verdadero celo republicano, ni espíritu de avanzada, sino más bien un fetichismo primitivo o criminal, que lleva lo mismo a adorar las cosas materiales que a destruirlas. El hecho repugnante avisa del único peligro, grande y efectivo que para la República existe: que no acierte a desprenderse de las formas y las retóricas de una arcaica democracia en vez de asentarse, desde luego e inexorablemente, en un estilo de nueva democracia. Inspirados por ésta no hubieran quemado los edificios, sino que más bien se habrían propuesto utilizarlos para fines sociales. La imagen de la España incendiaria, la España del fuego inquisitorial, les habría impedido, si fuesen de verdad hombres de esta hora, recaer en esos estúpidos usos crematorios. La bochornosa jornada del lunes queda, en alguna parte, compensada en Madrid por la admirable del domingo. La prontitud, espontaneidad y decisión con que la gente madrileña reaccionó ante la impertinencia de unos caballeritos monárquicos fue una amonestación suficiente, por el momento, que daba al Gobierno motivo holgado para podar ejecutivamente su ingénita petulancia. Nada más debió hacerse. De otro modo, aprenderían un juego muy fácil, consistente en provocar con un leve gesto de ellos convulsiones enormes en el pueblo republicano. No: si quieren, en efecto, suscitar en nosotros grandes sacudidas, que se molesten, al menos, en preparar provocaciones de mayor tamaño. A ver si pueden.

Lo que es preciso evitar de la manera más absoluta es que falte al Gobierno, ni durante una fracción de segun-

do, la confianza en sí mismo y en la plenitud de su representación. Este Gobierno, si alguno en el mundo, ha
sido ungido por la más clara e indiscutible voluntad de
la nación. Los enemigos de la República no han intentado siquiera ponerlo en duda, cualesquiera que fueren
sus ilusiones y sus manejos de otra índole. En cuanto a
los republicanos, es cosa de evidencia rebosante que nadie puede presumir de haber hecho más por la República que ese grupo de hombres exaltado hoy a los cargos de
ministros y demás oficios gubernativos. Nadie ha trabajado más por el cambio de régimen; nadie se ha expuesto
más entre los españoles vivientes. Es, pues, intolerable
que grupo alguno particular, atribuyéndose, con grotesca arbitrariedad, la representación de los deseos nacionales, reclame tumultuariamente del Gobierno medidas y
actuaciones que el capricho haya inspirado. Son demasiados millones de españoles los que han votado a la
República para que el montón de unos cientos o unos
miles aspire a ser más España toda que el resto gigantesco. Con toda esta teatralería de vetusta democracia
mediterránea hay que acabar, desde luego y sin más.
No hay otro «pueblo» que el organizado. La multitud
caótica e informe no es democracia, sino carne consigna-
da a tiranías.

Por otra parte, esa plenitud de representación que en
el Gobierno reside le obliga a conservar intacto el depósito soberano de confianza que entera una nación le ha
entregado. Es el Gobierno de todos los que han votado
la República, y tiene el deber tremendo de llegar íntegro

y sin titubeos hasta el momento en que nos devuelva, instaurado ya, el nuevo Estado, la República española.

Porque de esto se trata estrictamente y no de anticiparse a calificar esa República con uno u otro adjetivo. Después de siglos de despotismo, franco o disfrazado, va España por vez primera a decidir con libertad, e inspirándose en su destino más propio, la organización de su vida. Por eso es muy especialmente criminal todo intento de tiranizarla de nuevo, imponiéndole formas de imitación. La originalidad, a veces dolorosa, de nuestra historia augura con toda probabilidad soluciones y modos nuevos que pocos sospechan hoy. Por lo menos, no hay gran riesgo en vaticinar que España no será –como algunos dicen por ahí– una República burguesa. Sólo el desconocimiento pleno de nuestra conformación histórica puede creer tal cosa. España, que no ha podido vivir con plenitud, ni siquiera con suficiencia la Época Moderna, precisamente porque le faltó burguesía, no es verosímil que a esta altura de los tiempos y bajo una forma republicana resulte, por magia, constituida en nación específicamente burguesa. Todo anuncia más bien que España llegue a organizarse en un pueblo de trabajadores. El modo y el camino para arribar a ello serán, de seguro, distintos de los que se han ideado en otros pueblos, y sin gesticulación ni violencias revolucionarias. Entre innumerables razones, hace creer esto que nuestra economía es de un equilibrio tan inestable, por su escaso volumen, que la menor contracción de la riqueza pública –y todo intento revolucionario la suscitaría– será catastrófica y estrangulará el conato mismo de desórdenes graves.

Es preciso, por tanto, que de la manera más inmediata y resuelta impongan el tono de la nueva democracia exacta, limpia, dura como el metal técnico, cuantos españoles posean la dosis suficiente de buen sentido, y que no sean pseudo-intelectuales incapaces de pensar tres ideas en fila. Hoy no tiene la República más peligros que los fantasmas.

Nos induce a esta fe, entre otras cosas, ver cómo los estudiantes, que son, con el grupo de hombres gobernantes, quienes más hicieron por el advenimiento de la República, han ofrecido una nota ejemplar con su total ausencia de las asquerosas escenas incendiarias. Pero es preciso que se preparen para dar a esa ejemplaridad, en el inmediato futuro, carácter más activo. Tienen que defender fieramente la dignidad de su República. Fíense de su instinto insobornable, tesoro esencial de la juventud, del cual ha de emanar el único futuro verdadero. Fíense de él y rechacen todo lo que es falso, sin autenticidad, como esas falsas representaciones de manidos melodramas revolucionarios y esas imitaciones insinceras de lo que un pueblo semiasiático tuvo que hacer en una hora terrible de su historia. Exijan implacablemente que se cumpla el estricto destino español, y no otro fingido o prestado.

Firmado Gregorio Marañón, José Ortega y Gasset, *Crisol*, 14 de mayo de 1931

Algunos puntos esenciales del programa de la Agrupación al Servicio de la República

La Agrupación al Servicio de la República aspira a la reforma integral de la vida española, tanto del Estado como de la sociedad.

Esta reforma, si ha de ser certera y lograrse, tiene que distinguir muy claramente dos clases de problemas a fin de procurar articular su solución de forma orgánica. Toda una serie de problemas tienen un carácter específico español, brotan en la indiscutible anomalía de nuestra existencia histórica, durante los últimos siglos y se complican con las condiciones peculiares del modo de ser español y de las condiciones geográficas, situación, clima, tierra, etcétera, que la diferencian de las grandes naciones europeas. Sobre esta serie de problemas específicamente españoles, cabalgan los que de la nueva vida plantean en todo el mundo.

MÉTODO GENERAL Y TONO HISTÓRICO

Si a esa reforma quiere llamarse revolución no hay inconveniente pero protestamos contra el abuso que, jugando con él, se hace de este vocablo. Creemos que la reforma integral del Estado y la sociedad españoles no sólo se debe hacer sin violencia y tumultuariamente, sino que sólo se podrá hacer con maneras ordenadas. El carácter español no tolera la truculencia en la vida pública. Pero, además, el pasado español contra el cual reobra ahora el país, que se caracterizaba por su ineptitud perfecta, mas no por su dureza. Es, pues, ilusorio creer que ese pasado inepto, pero en general nada cruel, haya acumulado en el fondo del alma española las potencias de rencor y venganza sin las cuales no hay revoluciones en la historia. Por consiguiente, un *maximum* de energía con un mínimum de acritud. Se supera un régimen inepto simplemente construyendo otro más apto y fértil.

Después de treinta años de acrimonia, Europa está harta de rencor y de nihilismo. Sin eludir ninguna aspereza necesaria el tono de la reforma española tiene que ser de alegría constructiva y animosa.

PROBLEMAS CONSTITUCIONALES

El título general de la reforma que propugnamos es la organización de España en un pueblo de trabajadores.

Hay que preparar la pronta posibilidad de que la ciudadanía política de cada español implique ineludiblemente su condición de trabajador. Esto obliga a formular un Estatuto general del trabajo en que se determinen y precisen sus diferentes formas y correspondencias. Este Estatuto tenderá a crear la sindicación forzosa de todos los españoles de ambos sexos.

No son sólo razones de justicia social ni es sólo por obedecer a la presión de las clases llamadas obreras por lo que consideramos fundamental este principio. La verdad es que el hombre europeo ha llegado a una íntima madurez en la concepción de la vida que no le permite estimar la existencia de quien no trabaja. Y no sólo por razones morales sino por la convicción de que sólo el trabajo da autenticidad y plenitud a la persona. Todas las aristocracias y clases privilegiadas del pasado murieron porque al no trabajar perdieron sus individuos toda existencia vital.

Instituciones del Estado

Una norma genérica dirige nuestro proyecto de reforma institucional: que las constituciones más fuertes, eficaces y duraderas de la historia han sido las que en vez de tratar de subordinar los poderes e instituciones fundamentales han buscado su equilibrio acentuando su independencia mutua y hasta su esencial antagonismo (Roma, Inglaterra). Gobierno y Parlamento deben ser dotados

plenamente de su poderío propio sin que queden supe-
ditados el uno al otro.

La Presidencia de la República encargada de elegir los
gobernantes no debe proceder de una votación parlamentaria.

LA VIDA PÚBLICA LOCAL Y LA DEL ESTADO

Siguiendo la misma norma debe separarse la vida local
de la estatal o nacional. Máxima autonomía. España
quedará constituida en regiones con sus asambleas regionales de sufragio universal y sus gobiernos proceden-
tes de ellas. Importa mucho la actuación del hombre
provincial en la vida pública, y esas asambleas y gobiernos serán como una educación práctica y un vivero de
hombres públicos.

Esa vida regional se concretará en la creación de diez
grandes capitales en donde se concentren, en lo posible,
todas las instituciones públicas regionales, políticas, económicas y de enseñanza. Estas capitalidades fomentarán
un tipo de hombre mejor dotado para la vida actual.

Quedan de este modo aligerados el Parlamento central
y el Gobierno nacional de los problemas locales y podrán vacar a los grandes asuntos de la vida total española. El Parlamento central, constituido por los representantes de las regiones, en votación regional, deberá gozar
de máxima autoridad por la calidad de sus miembros y la
majestad de sus actuaciones. A este fin es preciso que el

número de representantes sea reducido, no pase de doscientos. De esta manera las regiones sólo enviarán hombres de primer orden para representarlas en la institución legislativa nacional.

Es decisivo para el altísimo rango de autoridad que este Parlamento debe gozar que no comparta su poder legislativo con ninguna otra Cámara. Deben, en cambio, crearse grandes comisiones técnicas formadas por muy pocos individuos de suprema calidad personal, las cuales dependan directa y exclusivamente del Parlamento y sean como sus órganos de preparación legislativa. Dotadas de grandes medios jurídicos y económicos para su trabajo y siendo propiamente las oficinas parlamentarias, el Parlamento se sentirá por una parte solidario de ellas y procurará, por tanto, mantener su autoridad y prestigio. Por otra parte, al habituarse el Parlamento a contar con ellas limitará de hecho sus posibles caprichos y desconocimientos técnicos, evitándose así los grandes errores en la legislación. Estas comisiones técnicas dependientes de las comisiones de representantes, usuales ya en casi todos los Parlamentos, serán quienes podrán, con carácter informativo, tratar constantemente con las fuerzas corporativas y representaciones de intereses. De esta manera, sin mediatizar la Cámara única por la adjunción de otra Cámara gemela senatorial, corporativa o de cualquier otro tipo se obtiene contacto con esta clase de realidades dinámicas, no políticas, estrictamente hablando (Corporaciones, intereses, etcétera).

Autonomía máxima, no federalismo

Es preciso combatir el federalismo, idea anticuada, característica del antiestatismo del siglo XIX en sus comienzos. El Estado actual no puede ser sólo liberal como el de aquellos tiempos. El liberalismo tiene que integrarse (y por tanto limitarse) con el Estado social. Cada nueva época acierta cuando encuentra la ecuación exacta correspondiente al tiempo, en el reparto de fronteras que siempre hay que hacer de nuevo entre el individuo y la sociedad. La diferencia entre autonomismo y federalismo consiste en que éste plantea la terrible cuestión de las soberanías particulares, lo cual en un Estado, durante siglos unitario, sería una absoluta regresión.

La «economía organizada»

La organización de la Sociedad en un pueblo de trabajadores es una imagen que a estas alturas de la vida universal no puede asustar a nadie. Si, no obstante, asusta, es porque deliberadamente suele ser presentada con atributos catastróficos por los que quieren administrar el fantasma de la revolución. De hecho hace veinte años que Europa no hace sino avanzar en el sentido de su organización. Creemos, sin embargo, que esa lentitud en el avance es funesta; y que la profunda crisis económica del mundo procede, en definitiva, de ese método excesivamente lento.

Hay, pues, que emprender a fondo la reforma económica de la Sociedad. Pero este propósito no se logrará sino comenzando por el polo opuesto al que suele presentarse por los agitadores anticuados, que son casi todos los agitadores. A saber: en vez de poner en riesgo el volumen de la riqueza pública con el método de parciales turbulencias. La reforma económica de la Sociedad, supone obtener, al mismo tiempo que ella se realiza, un aumento en el volumen de la riqueza pública. Esto se puede conseguir, sobre todo en España, haciendo que la Economía Nacional se estatice progresivamente.

Dejando a un lado las razones morales y políticas, acontece que la evolución misma de la economía obliga a reducir al mínimum el liberalismo económico. En la primera época del gran capitalismo –primera mitad del siglo XIX– la estructura de la vida económica era una red de mallas muy anchas dentro de las cuales podía moverse el individuo económico con holgura, sin perturbar al prójimo excesivamente. Pero hoy la estructura económica se ha hecho más prieta y los actos de cada individuo pueden perturbar de hecho (en muchos casos perturban) la totalidad del cuerpo económico. Previa y más honda que la cuestión del capitalismo o no capitalismo es la de proceder a la intervención estatal de la vida económica. Esta intervención es, sin duda, muy delicada, como lo han demostrado todos los procesos de colectivización inaugurados en el último tiempo. Pero esto no quiere decir sino que la intervención ha de hacerse a la vez con energía y con tacto.

Primero se comenzará por dirigir desde el Estado el proceso económico nacional *en sus grandes líneas*. Es preciso que se siga en el conjunto de las actuaciones económicas un plan general que el Estado fija, previo dictamen rigoroso de un cuerpo técnico. Él habrá de determinar, por ejemplo, la proporcionalidad que dentro de las convicciones peninsulares debe corresponder a la Agricultura y a la Industria para que el organismo económico resulte saneado. Así mismo, ese cuerpo técnico proyectará las grandes obras de electrificación, regadío, comunicaciones, que sólo un Estado severo puede atacar con medios adecuados.

A esto llamamos –frente al liberalismo económico– la «economía organizada». Una «Comisión de Economía Nacional», formada por las máximas capacidades técnicas y financieras, proyectaría el plan de las reformas en general de la vida económica total de nuestro país. Esta Comisión sería una de las principales, si no la principal, entre las adscritas al Parlamento.

La reforma social, el tratamiento del capitalismo, la liberación del obrero, en suma la socialización de la economía en un ritmo rápido pero regulado por la necesidad misma de la economía nacional en su conjunto, sería el reverso mismo de ese anverso constructor y gigantesco que presenta la «economía organizada». Todo lo que no sea llegar así a la reforma económica será, o mero paliativo transitorio, o catástrofe general y hambre cruel para todos.

Iglesia y Estado

El Estado es laico. La Iglesia Católica debe vivir separada del Estado. Éste conservará la tutela económica sobre el clero y servicios religiosos, tutela que irá progresivamente menguando hasta concluir en un período de diez años. Durante él, el Estado tendrá sobre la Iglesia el derecho de patronato. Consideramos un error de óptica histórica, pero muy generalizado en las izquierdas españolas, suponer que la Iglesia y las Órdenes religiosas tienen en España un gran poder social. A nuestro juicio, este error óptico procede de que se confundía el poder social que la Iglesia pudiese tener por sí misma con el que le llegaba a través del Estado, cuyos organismos ella en buena parte manejaba. Suprimido a la Iglesia este favor del Poder público y reducida a su exclusivo Poder social, creemos que representará una fuerza en España bastante menor que la que tenga en el país europeo más laico.

Presupuestos

Una primera etapa de rigorosa reducción a fin de asegurar plenamente no sólo el equilibrio del presupuesto, sino la firmeza de nuestra moneda, eliminando todas las deudas perturbadoras que inorgánicamente entorpecen nuestra Hacienda. Pero una vez logrado esto creemos que la «economía organizada» recomienda un gran lanzamiento de la nación a grandes empresas financieras de orden tanto estatal como privado. Es preciso que el capitalista aprenda a ver en el Estado un Poder que le trata con rigor pero al mismo tiempo con superlativa seriedad y claridad. No creemos que en el mundo se hagan grandes ilusiones ya los capitalistas, pero tienen derecho por lo mismo a que el margen de actuación sea clara y seriamente definido. A nuestro juicio, ésta es la condición para que a un tiempo aumente la riqueza pública y la economía se vaya transformando en capitalismo de Estado, es decir, quede socializada.

Nos parece estúpido asustar a los capitalistas cuando hay que lograr, por el contrario, que de buen grado y por su propia inclinación conduzcan ellos la economía a su nueva forma de socialización.

Todo lo que no sea esto o son meras frases o son meras tragedias.

OBSERVACIONES SOBRE NUESTRA ORGANIZACIÓN

Se ha tomado el acuerdo, en la reciente Asamblea de representantes locales de que nuestra Agrupación quede reducida a los que no pertenecen a los otros partidos. Es, pues, necesario reorganizar estos contingentes y sobre todo nuestros núcleos directivos en este sentido. Una vez hecho esto se puede proceder inmediatamente a la cotización, y la cuota mínima normal –cabrán excepciones para obreros o cualesquiera otras personas sumamente estrechas de medios– será de una peseta. Tanto para esta cuota mínima como para las otras superiores, se usarán los talonarios que la Secretaría de la Agrupación ha enviado ya o enviará a solicitud. Se dará cuenta mensualmente a la Secretaría de Madrid del importe de la cotización realizada sin enviar por lo pronto cantidad ninguna. Junto a la cifra de cotización se especificará con algún detalle la del presupuesto mensual del grupo local.

Se actuará con plena energía en la vida pública local en todas las formas. Se procurará sobre todo crear núcleos de obreros. La aspiración de nuestra Agrupación es fundir los intelectuales y los obreros. Se crearán «Juventudes» de espíritu muy disciplinado, pero a la vez muy combatiente, sin que enoje el carácter un poco bronco que caracteriza a toda auténtica juventud. Conviene que, desde luego, para la organización de estas «Juventudes» se busque contacto con la «Juventud de la Agrupación al Servicio de la República» de Madrid, que puede orientar sobre los modos de organizar y actuar las demás.

La Agrupación presenta un pequeño número de candidatos en las próximas elecciones para Cortes Constituyentes y desde ahora continuará trabajando en todas las dimensiones de la vida pública. Sería deseable la frecuente reunión en Madrid de representantes locales. Para facilitarlo, si las cotizaciones lo permiten, se auxiliará económicamente, con viático, a los asambleístas. Este contacto reiterado es de suma importancia para que se constituya entre nosotros un alma colectiva.

El Comité central necesita en este período electoral recibir informaciones lo más al día que sea posible del estado de las candidaturas en la provincia, calidades personales de los candidatos de otros partidos, etcétera, etcétera.

Así mismo, convendría recibir noticias lo más fehacientes y exactas que se puedan sobre las diferentes organizaciones obreras de la provincia, número de las inscritas en cada una, movilizaciones de la una a la otra, etcétera, etcétera.

Toda la correspondencia corriente debe dirigirse a uno de nuestros Secretarios –Mariano Granados y Eduardo Bonilla de la Vega.

Agrupación al Servicio de la República

CIRCULAR

Reunida la Minoría Parlamentaria de la Agrupación al Servicio de la República, bajo la Presidencia de don José Ortega y Gasset y recogiendo las ideas de éste, acuerda dirigirse a sus organizaciones y afiliados con la presente circular en la que condensa su pensamiento ante los problemas políticos más destacados del momento.

La Agrupación al Servicio de la República emprenderá una activa propaganda nacional y requiere por la presente circular a todos los afiliados para que sobre las bases que en ella se contienen desarrollen también una actuación intensa.

NACIÓN Y TRABAJO

Por encima de todas las cuestiones mayores y menores que hoy aquejan la vida española está la necesidad de instaurar con toda plenitud un nuevo Estado. El Estado no puede vivir de precario: no existe mientras no es una instancia prepotente, sólidamente instalada, invulnerable frente a todos los ataques y que asegura a los ciudadanos una existencia tranquila en que puedan dedicarse con fervor a sus ocupaciones.

Pero un Poder Público de esta naturaleza no puede ser establecido si no lo impone un gran movimiento nacional. Así como el Antiguo Régimen no fue derrocado sino por un acto de efusiva coincidencia de casi todos los españoles, no se llegará al nuevo Estado mientras no se forme una gigantesca fuerza política que disuelva dentro de sí los grupos dispersos y logre de este modo, con su energía superabundante, plasmar y asegurar las normas de la vida pública, el imperio de la ley y un orden inquebrantable.

Mas esa convergencia en una fuerza política unitaria sólo es posible si la masa más importante del país, es decir, la comprendida entre los dos extremismos, se decide a proclamar e imponer el principio más generoso y al cual habrá que acogerse más tarde o más temprano para dirimir los conflictos planteados por todos los particularismos: el principio de la Nación.

La idea de la Nación expresa el deber de quebrar todo interés parcial en beneficio del destino común de los es-

pañoles. Hay que imponer el derecho superior de esa comunidad de destino sobre todo lo que es parte, clase,
clientela o grupo. La Nación es el nombre de la obra
común que hay que hacer y es, a la par, el sistema de condiciones ineludibles sin las cuales España no puede subsistir ni progresar. Así, consideramos como un espejismo
histórico creer que estos cien años de lucha entre capitalismo y socialismo vayan a terminar en Europa con la derrota de uno de los dos bandos: a estas horas asistimos
más bien a la derrota de ambos en cuanto pretenden ser
principios y fuerzas sociales exclusivistas. Creemos que
el porvenir trae la superación de los exclusivismos y el
triunfo del todo sobre las partes. Capitalistas y obreros
tienen que aprender a integrarse bajo el imperio del interés nacional. Por eso llamamos conjuntamente a unos
y a otros pidiendo a ambos el fértil sacrificio de sus
particularismos.

Pero es preciso que las clases hasta ahora más privilegiadas vean con claridad y por encima de los tópicos habituales la situación histórica en que ha entrado el mundo y con él España. Será vano todo intento suyo de
limitarse a defender sus intereses tradicionales. La única
defensa eficaz es hoy la colaboración en la obra común,
por tanto, que sepan también ellas alistarse bajo la idea
más grande e impulsiva de nuestro tiempo, la idea del
trabajo. Todo hombre actual tiene que sentirse abochor-
nado si no siente su vida puesta a algún trabajo, sea cualquiera la forma de éste, si no contribuye con su esfuerzo
a la existencia común. La Nación es el derecho supremo,

el trabajo es la máxima obligación civil, el instrumento con que ha de organizarse el nuevo Estado. Quisiéramos que los grupos más perspicaces del capitalismo español comprendiesen esto desde luego y renovando por completo su pensamiento, sin dejar de ser lo que socialmente son, logren así salvar fecundamente lo que de su situación puede y debe ser salvado. Cada español debe ser situado en el lugar donde pueda dar mayor rendimiento nacional, sea cualquiera su pasado político.

«NACIÓN Y TRABAJO», he aquí nuestro lema.

Son de tal evidencia estas dos normas que cualquiera se acoge a ellas cuando el peligro le aprieta, sin perjuicio de abandonarlas en el resto de su actuación política. Mas este empleo discontinuo de ellas no sirve más que para desvirtuarlas. Es preciso proclamarlas con toda energía e imponerlas con máximo rigor, de modo que en ningún caso ninguna parte de los ciudadanos –obreros o propietarios, revolucionarios o restauradores, «internacionalistas» o «nacionalistas»– intente, siquiera, imponer con amenazas su interés particular o el capricho privado de sus ideas. «NACIÓN Y TRABAJO» son los principios de la nueva democracia.

De esta doble norma derivará nuestro grupo parlamentario su actuación tanto en las Cortes como en la vida pública local. Queremos ser los que incitemos a la formación de un gran partido nacional donde nuestra Agrupación venga a disolverse reuniéndose con todos los grupos afines.

Pero ahora no quisiéramos hacer otra cosa que anticipar la posición nuestra ante las cuestiones que están hoy planteadas, ninguna de las cuales pesaría sobre nuestro pueblo si los grupos gobernantes no se hubiesen desde el primer día entregado a los más ineptos tópicos de la más decrépita democracia.

ECONOMÍA NACIONAL

No se debe tardar un día más en reunir un Consejo de Economía Nacional formado por técnicos nacionales, e incluso extranjeros si fuera preciso, sin otra misión por lo pronto que formar rápidamente un dictamen sobre la situación actual y próximas posibilidades de nuestra economía. España necesita un credo económico nacional cuyas grandes líneas consten en todas las conciencias españolas. Sólo de esta manera se podrá en serio exigir que todo interés particular quede supeditado al común, porque sólo así podrá ver con claridad el país entero dónde el apetito privado se excede y muerde en el beneficio general.

La realización de las obras que ejecute el Estado ha de quedar sujeta a los principios que el Consejo de la Economía establezca y las obras públicas nacionales se acomodarán en su plan a las necesidades del aumento de riqueza y en su ritmo a las posibilidades del presupuesto y a las exigencias del paro obrero.

Toda la obra de la política económica deberá moverse dentro de las líneas generales de ese dictamen pues aunque éste contuviera algunos errores siempre serían menos graves que los cometidos por una política a salto de mata.

Es evidente que en 1932 se impone ante todo una liquidación del pasado. Hay que pagar las deudas contraídas principalmente por la Dictadura y el Gobierno que la sucedió; hay que conseguir heroicamente una aproximada nivelación del presupuesto. Todo ello con el exclusivo fin de sanear el presente y poder partir sobre terreno sólido. Urge sobremanera cambiar enérgicamente el tratamiento de nuestra moneda: es preciso lo antes posible acabar con la intervención, no tanto porque en ella se sacrifique el oro del Banco y del Tesoro, sino porque se sacrifica en vano. Pero si el año de 1932 tiene que ser de restricción y máximas economías, hay que preparar para 1933 el lanzamiento del país a empresas económicas de alto bordo. Para que esto sea posible vayamos ganando días. Empréndase desde luego la enseñanza y la propaganda de las nociones económicas por todo el país. Iníciese la creación de una burocracia con nuevo espíritu: sin una fuerte burocracia no hay un Estado fuerte. Y es de tanta mayor urgencia que éste exista cuanto que hace falta su intervención, por encima de la Hacienda pública, en la economía toda de la Nación. Vayamos a una economía organizada –más allá del capitalismo y socialismo– en que las grandes líneas del proceso económico sean reguladas por el Estado a fin de que dentro de ellas pueda aprovecharse el esfuerzo insustituible de la empresa privada. Con el obrero y con el capital como órganos de la Nación.

Frente al capital y frente al obrero en su egoísmo separatista.

LA REFORMA AGRARIA

En conformidad con tales orientaciones, la reforma agraria debe encaminarse al acrecentamiento de la riqueza nacional, sin detenerse ante el interés de cualquier clase o sector. La tierra debe pasar, sin atropellos, de manos parásitas e infecundas, a manos activas, expertas y eficaces. Al efecto, ha de alentar y dar seguridades para el porvenir a la gran masa de cultivadores directos que con su capital y su esfuerzo inteligente, han elevado a gran altura las producciones más importantes del agro nacional, alentándolos para que bajo la dirección del Estado y colaborando con él lleven a cabo las magníficas posibilidades de la Agricultura española. Simultáneamente y como condición esencial para el logro de tales fines es indispensable elevar el nivel de vida (bienestar material, cultural) de los obreros de la tierra, pequeños propietarios y colonos o simples braceros, aplicando al campo, con las adaptaciones necesarias, todos los requisitos de la legislación social y entregándoles además, las explotaciones agrícolas de tipo activo (predominio absoluto del trabajo sobre el capital) especialmente las parcelas de regadío en las extensas zonas de las obras hidráulicas construidas o por construir.

LA VIDA LOCAL

Uno de los errores más graves cometidos por los grupos que hasta ahora han tenido en sus manos la República es a nuestro juicio haber dejado intacta la vida local, dando ocasión a que se reproduzcan en ella los vicios políticos más trasañejos. No es concebible que siendo tan característica de España la diferencia entre los modos de la vida local y los de dos o tres grandes capitales se quiera renovar el país sin modificar los usos de la provincia que es la casi totalidad de España.

Hay que modernizar la provincia y vitalizarla. ¿Y cómo podrá lograrse esto si no es poniendo en manos de los provinciales los problemas de su existencia local? Nosotros hemos defendido en el Parlamento la necesidad de crear una organización regional holgadamente autónoma. No basta con la autonomía municipal, ni siquiera con la provincial. Es preciso suscitar un localismo de grandes dimensiones que pueda sentir el orgullo de sí mismo, capaz de acometer grandes empresas y de resolver con amplios medios los problemas que plantea cada terruño. Las regiones o grandes comarcas son los miembros naturales de la Nación.

Si Cataluña expresase sus aspiraciones en términos de autonomía nos tendría enérgicamente a su lado, pero no admitiremos equívoco alguno que oculte pujos de soberanía particular.

LA CONSTITUCIÓN

Consideramos que en el texto constitucional existen errores históricos, pero sería añadir uno más no comenzar por acatarla. Éste es el supuesto para todos los demás, inclusive para su posible reforma en un futuro indeterminado. Pero al texto constitucional ha de seguir su ejecución y esto implica su interpretación. Esta interpretación, ni que decir tiene, debe ser leal a sus fórmulas porque de otro modo no sería decente. Pero la lealtad hacia el texto que es hoy por hoy el único suelo de convivencia civil que poseemos, impone dos obligaciones: una la de no hostilizar sus mandatos, otra la de interpretarlos en forma que queden mejorados, subsanando, en la medida posible, sus deficiencias, su esquematismo doctrinario y el carácter evidentemente anticuado de algunas de sus inspiraciones, como por ejemplo, la de haber erigido el nuevo Estado sobre una base de casi exclusivo parlamentarismo. La ley electoral da ocasión para compensar un poco tan antihistórico error, si se logra con ella elevar el nivel de la representación y liberarla del mero mecanismo partidista, del automatismo desolador que trae consigo el imperio de los Comités.

CUESTIÓN RELIGIOSA

El Estado encarna el poder de la Nación. Donde él llegue –y llega donde llega la ley– tiene que afirmar el principio nacional que excluye fieramente toda pretensión de predominio particular. Por eso era antinacional la situación de privilegios políticos que gozaba la Iglesia en España.

La perpetuación de ese favor estatal otorgado a unos españoles con desdén de los otros era una causa permanente de profunda discordia, un impedimento constante de verdadera comunidad civil. En este sentido, el Estado tiene que ser rigurosamente laico. Laico no significa ateo sino simplemente nacional. Roma y la mayor parte de los católicos españoles reconocían la necesidad de ese estricto laicismo. Se ha podido, sin herir ni vejar a nadie, instaurar en España el Estado más laico del mundo, que es el que nosotros postulamos. Pero el atropellamiento, la irreflexión y el deseo de no servir a una nueva democracia sino imitar deplorablemente la de hace cien años no ha permitido a los legisladores quedarse en el punto feliz y han dado a su política eclesiástica, que podía haber sido perfecta, un aspecto de agresión a los grupos católicos de España. Con esto se ha suscitado una cuestión falsa en vez de dejar limpio el horizonte para la grande obra de construcción histórica que es la hora de emprender. A nuestro juicio las leyes complementarias de la Constitución deben interpretar ésta en forma que quede indiscutible e íntegro el más riguroso laicismo del Estado, pero evitando todo cariz agresivo. En todo país que no sea bárbaro las guerras de religión acabaron hace mucho tiempo. El predominio de la enseñanza estatal –que nosotros deseamos y que casi por entero se ha logrado en los principales países– no es efecto de fáciles fulminaciones legales contra la enseñanza privada sino de la perfección y ampliación que se consiga dar a la enseñanza del Estado. De hecho y frente a todos los privilegios de que la Iglesia gozaba, el Estado venía ganando terreno a las órdenes religiosas en el orden pedagógico. No hay sino proseguir en grande y a fuerza de limpia eficacia la victoria del Estado docente.

SANIDAD

Función del Estado, tan alta e indeclinable como la cultura, debe ser la Sanidad pública, sobre la cual se ha declamado mucho realizando poco. Ya es hora de abordar resueltamente un plan sanitario nacional que no es, al fin y al cabo, más que ayudar a la solución del problema económico, puesto que la salud pública –aparte los bienes espirituales que procura– es una riqueza nacional.

DURACIÓN DE LAS CORTES

Nadie que reflexione un poco puede tomar sobre sí la responsabilidad de pedir en estas fechas la disolución de la Cámara, pero nadie tampoco puede hacerse ilusiones sobre la longitud de su vida. De aquí que sea lo más importante para España y para la República preparar en el país las Cortes futuras creando un poderoso movimiento que reúna las fuerzas personales más prestigiosas bajo una doctrina política, bajo una disciplina homogénea. Sólo esto puede resucitar el entusiasmo republicano de la Nación entera y hacer posibles unas nuevas elecciones capaces de edificar plenamente el nuevo Estado español.

Madrid, 29 de enero de 1932

*Por la minoría parlamentaria de
la Agrupación al Servicio de la República,
J. Azcárate, Secretario*

Sensaciones parlamentarias

Madrid, junio de 1932

Una de las cosas que me hacen más agudamente sentir lo mal dotado que estoy para la política es ésta: cuando en una sesión parlamentaria se ha pronunciado una serie de discursos contra la política del Gobierno, discursos tranquilamente urdidos, que traen sus cañoncitos perfectamente lubrificados, llega un momento en que un hombre tiene que ponerse de pie, a la cabecera del banco azul, y, sin más, contestar de improviso a las argumentaciones que se han disparado sobre él. A veces, como acontece ahora en nuestro Parlamento, ese hombre forzado a ejercitar faena tan difícil, es un formidable polemista. Yo dudo mucho –y no lo digo en vaga y vana elocución– que exista hoy a la cabecera de ningún banco ministerial de Europa hombre con mayores dotes para este menester de la polémica. Pero debemos preguntarnos si aun siendo esas dotes las mayores imaginables la operación de que se trata es en sí misma posible, si no trasciende los límites de la humana condición. Yo creo que si los oradores de la oposición no son gente de cacumen por completo atrofiado y han dispuesto sus argumentos con algún cuidado, hermetizándolos bien, no dejándoles poros o agujeros por donde se vacíe su energía persuasiva, no es posible afrontarlos de golpe, y más que contestarlos sólo cabe eludirlos con algunas insulseces o extravagancias. Y aquí viene mi sensación de ineptitud política: si yo me viese en tal coyuntura –pienso– yo diría como el más pintado político algunas tonterías, pero luego, después de la sesión, por la noche, el recuerdo de haber dicho esas tonterías, tal vez me produjese una angina al pecho. Eso me revela que yo soy hasta la medula intelectual, pero sólo intelectual, porque sólo al intelectual pura sangre le acongoja y desmoraliza haber dicho tonterías. Y no por vanidad ni narcisismo, sino porque el intelectual que se sorprende en flagrante tontería, es decir que ha dicho algo que no es verdad, tiene la impresión de haber cometido un crimen irremediable, de haber matado algo.

Una tontería, en efecto, no es algo positivo: es simplemente la destrucción de lo otro que en su lugar habría enunciado la discreción. En cambio, el político con muy buen acuerdo, dueño de jugos gástricos más poderosos, digiere su propia insulsez o extravagancia con suprema facilidad, y tan campante.

Pero yo no sólo sería incapaz de esto, sino que al atacar desde los bancos de la oposición preveo que si aprieto bien el argumento el señor del banco azul va a verse en el caso de contestar alguna tontería y entonces, automáticamente, «me pongo en su caso» –un vicio también de intelectual que es el único ser capaz de vivir imaginariamente otras vidas además de la suya–, y para evitarle la tontería procuro yo tomarla sobre mí y sintiendo en mi mano el argumento, duro como una piedra, hermético como si fuese metal, en rigor, pues, irrebatible, me digo: «¡Guarda, Pablo!» y el Pablo que soy se guarda entonces tímidamente el ataque más certero en el bolsillo y lo sustituye por otro un poco menos compacto, que deja entradas y salidas.

Se comprende que con enternecimientos de esta naturaleza no se puede ser político. El político tiene que ser un poco bruto, un poco ciego. Claro que, al serlo, pierde *ipso facto* la capacidad de hacer argumentos exactos e irrebatibles y alienta en el elemento de sonambulismo y semitontería que es la política.

Creo, sin embargo, que en esta reacción mía hay un germen fértil de inspiración para la política misma, y es éste: que no existe buena justificación para que cosas tan graves como las que se resuelven en un parlamento queden a la merced de que se pueda o no improvisar correctamente la contestación a unos discursos. Es preciso variar los usos parlamentarios. El jefe de un Gobierno es el representante efectivo e inmediato de la vida de un Estado, y el Estado no tiene por qué estar sometido a las contingencias de la agilidad oratoria.

El que ha hablado delante de los públicos más diversos conoce la precisión con que el orador percibe la mayor o menor sensibilidad de su auditorio. Es como si el auditorio fuese un enorme objeto elástico, una gigantesca pelota de goma y el orador se sintiese apoyado en ella, oprimiéndola aquí o allá. La impresión por parte del que habla es, en efecto, doble: la de apoyarse en el público y la de ejercer presiones sobre él. Cuando falta lo primero al orador le parece verse precipitado en el vacío, sin tener a qué agarrarse. Esa absoluta falta de resistencia frente a él, ese sentirse solo cuando cree estar ante muchos, le desorienta por completo.

La otra cara de la impresión es, sin embargo, más interesante. El orador busca la sensibilidad del público en varias de sus posibles dimensiones: la gracia de la expresión y el encanto del vocablo, el rigor de un razonamiento, la emoción de un tema. Es como si su voz fuese un dedo con que oprime el gran pelotón elástico aquí o allá. Antes he hablado de que necesita encontrar, como condición previa y general, resistencia en el auditorio. Sólo así sentirá que delante de él hay alguien. Pero con estas presiones busca lo contrario, busca la reacción concreta y variada de ese alguien. Para encontrarla es menester que ese alguien primariamente resistente ceda elástico allí donde se le toca, es decir que se ablande. Sólo se ablanda quien previamente es dureza. No hay, pues, contradicción entre ambos atributos de un buen público.

Pues bien; cuando a sus diversos intentos de presión el público no se inmuta tiene el orador la sospecha de que está hablando ante un bloque de granito. El dedo tentacular de su voz al fracasar en su presión se retira azorado, se avergüenza de sí mismo y el que habla experimenta una sensación peculiarísima de desánimo.

Yo he hablado ante los públicos más diversos, pero puedo decir que jamás he hablado ante un auditorio de comportamiento más granítico que un parlamento. Jamás he tenido tan clara impresión de la inutilidad de la palabra. El parlamento no responde ni a la gracia verbal ni al pensamiento agudo y riguroso ni casi casi a la emoción cuando ésta no es de materia muy gruesa. Y el caso es que, en una u otra medida y habida cuenta de la altitud vital de cada país –porque se trata de altitud vital y no específicamente intelectual–, creo que en todas las Cámaras del mundo acontece algo parecido.

Hay no pocas razones que explican por qué esto es así.

En primer lugar, en ningún país los políticos constituyen una selección de los hombres más inteligentes. Ni siquiera las primeras figuras de los partidos lo son, pero mucho menos el *servum pecus* de los grupos, que es de quien aquí se habla, puesto que se habla de la masa oyente de una Cámara. En general, el político es como tal un hombre de segunda clase. Si se hiciese un estudio estadístico-biográfico de los hombres que se ocupan de política sorprendería advertir la enorme proporción de ellos que han caído en la política de rebote sobre otras profesiones más exigentes. Fracasados en ellas se acogen a la actividad política porque es más fácil, de labor menos precisa. La política es el eterno «poco más o menos».

De aquí –el síntoma es curioso y delator– la frecuencia con que el político descubre su resentimiento hacia aquellas profesiones más altas de que es él un decaído. Por ejemplo, una gran cantidad de políticos está integrada por intelectuales forzados a abdicar. Por eso odian al intelectual, al técnico.

La política requiere resolución, ejecutividad, prontitud, facilidad de movilización. Al intelectual le causa, al pronto, gran admiración –contra lo que se dice el intelectual es uno de los pocos tipos humanos en verdad capaces de admiración– la agilidad del político, la ligereza con que se mueve, el coraje con que actúa en las situaciones difíciles. Luego se convence de que esa agilidad y ese coraje se componen en grandes dosis de inconsciencia, es decir, que el político no ve la situación con la claridad que el intelectual –lo contrario de lo que suele decirse–, sobre todo no prevé las consecuencias de la situación y este futuro peligroso, a veces con toda evidencia catastrófico, no gravita sobre él. Así, sin peso encima, es fácil ser ágil: así, sin conciencia del peligro es fácil ser valiente. (Falta y sería de gran interés la psicología del valiente). En suma, la experiencia me ha enseñado que algunas de las más eficientes virtudes del político se nutren de su inconsciencia. Más que valientes son audaces. Y la audacia es en un cincuenta por ciento inconsciencia y sonambulismo.

Los Parlamentos están, pues, en todas partes formados por gente que puede representar el nivel medio del país. Pero el nivel medio de un país, entiéndase bien, no es el nivel medio de la parte activa del país, de lo que con una expresión anticuada y torpe, pero aún no sustituida, llamamos la gente «culta». De aquí que una Cámara sea siempre menos sensible que un público cualquiera de los que espontáneamente acuden a una conferencia. Es que representa un nivel inferior.

Pero no tiene tampoco las ventajas de un público «inculto». Porque éste escucha sin prejuicio, abierto, poroso, a la palabra que llega. Mas los parlamentarios comienzan por cerrarse y prevenirse contra las palabras. Su oficio de políticos les incita a hacer un especial esfuerzo para procurar no enterarse. Por eso las sesiones parlamentarias en todo el mundo suelen ser ejemplos del método de Ollendorf y una graciosa combinación de despropósitos.

La Nación, 7 de julio de 1932

Un manifiesto al país disolviendo la Agrupación

Como iniciadores de la Agrupación al Servicio de la República nos reunimos el jueves, 13, con los demás diputados que forman el grupo parlamentario adscrito a aquélla, y les expusimos nuestro convencimiento de que, habiéndose logrado tiempo hace las finalidades precisas que nuestro llamamiento de enero 1931 enunciaba, era obligatorio dar por terminada la actuación conjunta de los que entonces nos reunimos. Los diputados que integran la minoría parlamentaria reconocieron sin discrepancia la necesidad de lo propuesto por nosotros y acordaron la disolución del grupo representante de nuestro movimiento, encargándonos de comunicar el acuerdo a los núcleos locales repartidos por todo el país.

Por nuestra parte, al cumplir esta indicación de nuestros compañeros parlamentarios, invitamos a los de toda España para que deliberen sobre la conveniencia de no seguir actuando bajo el nombre y disciplina de la Agrupación al Servicio de la República. Ninguna razón nueva, ningún hecho sobrevenido, salvo la ocasión de anunciarse ahora el intento de nuevas conjunciones republicanas, obliga a tomar tal resolución en esta fecha. Pero, a nuestro juicio, emana el presente acuerdo del significado mismo que tuvo nuestro empeño, cumplido el cual, por fortuna, hace tiempo, no se advierte razón firme que recomiende la perduración de nuestra campaña.

La Agrupación al Servicio de la República nació con estos dos propósitos exclusivos: combatir el régimen monárquico y procurar el advenimiento de la República en unas Cortes Constituyentes. Pudo juzgarse entonces que esto último era utópico; pero ello es que los hechos, por una vez, confirmaron la utopía, y con una velocidad y una sencillez tales, que dejaron atrás nuestro utopismo. La índole de ambos propósitos eliminaba todo intento de dar a la Agrupación el carácter estricto de partido político. Por eso llamamos no sólo a los que pudieran discrepar en la concreción de sus programas políticos, sino muy especialmente a los que no eran políticos, invitándoles a suspender provisionalmente las tareas de su vocación personal para acudir a una urgencia nacional de histórico rango.

Cuando se hizo por el Gobierno provisional la convocatoria a elecciones para Cortes Constituyentes, fueron reunidos en Asamblea los representantes de todos los grupos locales, y se acordó no acudir al cuerpo electoral con aspiraciones de grupo político, si bien la mayoría de los asambleístas creyó conveniente conservar la Agrupación como tal, sin los caracteres rigorosos de un partido.

Al terminar la discusión constitucional, el señor Ortega y Gasset creyó llegada la hora de no mantener juntos los que habían sido unidos para una tarea ya lograda; pero casi todos los demás diputados de la minoría parlamentaria opinaron que debía ésta proseguir su labor, teniendo en cuenta que se avecinaba obra legislativa tan importante como el Estatuto catalán y la reforma agraria. Una vez promulgadas estas dos grandes leyes, no parece que deba darse nueva demora a la disolución de nuestra colectividad.

Insistimos, pues, en que no hemos querido formar un partido, y siempre que por mejor opinión ajena se resolvió continuar reunidos, hicimos constar los iniciadores que había de ser ello con el designio de fomentar la creación de grandes fuerzas políticas. A ello obedece el llamamiento que uno de nosotros hizo en diciembre último para que se formase un ingente partido nacional. No se logró esta incitación, que quedó en el aire inválida y sin que nadie, entonces, fuera de nuestro grupo, la considerase oportuna ni acaso discreta. Pero, consecuentes con aquella idea, y oyendo que se hacen hoy de otros lugares llamamientos análogos, no queremos ser estorbo para su buen éxito e invitamos a nuestros agrupados para que recobren plena franquía y acudan donde su juicio sobre la actual situación política les recomiende.

La Agrupación ha laborado en el Parlamento cuanto ha podido. Su obra y esfuerzo efectivos han sido mayores de lo que las apariencias han revelado, porque procuró afanarse con modestia y sin ruido. Cuando los gobiernos han planteado problemas legislativos, empezando por la Constitución, ninguna minoría ha tardado menos en presentar un dictamen completo e intensamente estudiado. Nuestros representantes han trabajado con denuedo ejemplar en casi todas las Comisiones parlamentarias, y merecen de todos nuestros agrupados, y especialmente de nosotros, fervorosa gratitud.

La República está suficientemente consolidada para que pueda y deba comenzar en ella el enfronte de las opiniones. Mas la Agrupación, por su génesis misma, por su espíritu e intento inicial, no puede ser una fuerza adecuada para combatir frente a otras fuerzas republicanas. Nació para colaborar en el advenimiento de la República sin adjetivos ni condiciones. Firme el nuevo régimen sobre el suelo de España, la Agrupación debe disociarse sin ruido ni enojos, dejando en libertad a sus hombres para retirarse de la lucha política o para reagruparse bajo nuevas banderas y hacia nuevos combates.

Firmado José Ortega y Gasset, Gregorio Marañón, Ramón Pérez de Ayala, *Luz*, 29 de octubre de 1932

En nombre de la nación, claridad

EL AMOR AL SINO

Mi artículo anterior se proponía, por lo pronto, una cosa: refrescar en las cabezas de los españoles la visión de la realidad nacional que es la República. Las disputas, combates y deseos particulares sobre si debe ser de este modo o debe ser del otro, e inclusive sobre si no debe ser, han anublado inconcebiblemente las retinas para la sencilla percepción de que la República, quiérase o no se quiera, es la realidad histórica en que ahora se está, que ahora es el pueblo español. Y, naturalmente, no me refiero al hecho de que hoy la forma de gobierno *oficial* sea la República. Me refiero a aquella realidad efectiva de la vida española actual que está por debajo de toda *oficialidad*, más allá y enfrente de nuestros deseos, preferencias, disputas e ideas sobre lo que *debe* ser o *no debe* ser.

Yo no pido a nadie –entre otras cosas, porque sería ilusorio– que abandone sus «ideas» ni sus «preferencias». Pero, como español, reclamo de él que, sin abandonar sus ideas, salga un rato fuera de ellas para mirar de hito en hito el proceso efectivo de estos últimos años, y, sobre todo, de aquellos meses –resumen de un largo pretérito– que terminaron en el advenimiento de la República.

Pocas veces se habrá producido en la historia un hecho más claro, más trasparente. Se ve hasta el fondo de él, como en un arroyo serrano. La República surgió con la sencillez, plenitud e indeliberación con que se producen los fenómenos biológicos, con que en mayo brotan las hojas por las ramas del olmo y engorda la espiga sobre la caña. La ingenuidad de estas imágenes geórgicas no es inoportuna, porque un pueblo tan campesino como el español suele moverse en la historia dirigido por un instinto vegetal.

No hubo ni siquiera propaganda –entre otras cosas, porque fue materialmente impedida por los Gobiernos. La República, en efecto, no fue «traída» por nadie, sino que sobrevino espontáneamente en los españoles, en todos los españoles, inclusive en los monárquicos. Esto último es lo más característico de un cambio histórico completamente sincero y engendrado por su propia madurez: que colaboran en él inclusive los enemigos. Colaboraron quedándose quietos, paralizados por el convencimiento de que habían perdido toda la razón, que la Monarquía no podía ya justificarse ante el tribunal de nuestra historia. Todos los españoles venían sintiendo que el porvenir podría ser todo lo problemático y azaroso que es siempre el porvenir, pero que, pasase lo que pasase, una cosa era clara: que la Monarquía estaba exhausta como fuerza directora de la nación; que mediante ella no se podía salir a porvenir alguno; que, con ilusión o sin ilusión, el pueblo español no tenía más remedio que constituirse en otra forma más sincera e intentar vivir y hacerse y lograrse ateniéndose a sí mismo, sin tutelas ni antifaces, desnudo ante la intemperie del destino. Ésta fue y ésta es, más allá de toda anécdota, la realidad de la República en España.

Porque la República en España, conste, no significa el triunfo de una «teoría republicana», sino la simple realidad de España puesta al desnudo. La República española no es una República de «republicanos», es decir, de un grupo más o menos numeroso de doctrinarios, beatos de un ideal abstracto de forma de gobierno, que, aprovechando un resquicio del azar, han «colado» su imaginario Régimen en el destino de un país, así como de contrabando, produciendo una interferencia o detención en el desarrollo auténtico de ese destino. Haber dado la falsa impresión de esto ha sido el mayor crimen de los Gobiernos últimos. Recuérdese que la República ha triunfado en España cuando en España había dejado de haber «republicanos» –sea dicho sin molestia alguna para los dos únicos residuos y supervivencias del «republicanismo» que eran el partido radical y el partido federal. Casi todos los hombres representativos del nuevo Régimen se habían declarado republicanos muy poco antes, rigiendo ya la Dictadura. Esto demuestra, con insólito reboso de evidencia, que la República en España no es el triunfo ocasional de una *política* sostenida por unos señores que se llamaron y se llaman republicanos, sino el resultado ineludible de un profundo pasado; en suma, el destino con que los españoles, todos los españoles, se han encontrado. Y el destino es todo lo contrario de lo que los hombres ponen de sí con sus «ideas», preferencias y deseos; es la realidad inexorable que está ahí, que nos lleva y envuelve, que no hacemos nosotros, sino que, dándonos cuenta o no, la somos.

Por eso serán contra ella tan vanos los actos como las palabras. La realidad no se escamotea, no se ahuyenta con frases ni conjuros, no se exorciza. Viene a nosotros magníficamente imperativa. Y yo quisiera que, por lo menos, todos los jóvenes de España, liberándose de todo confusionismo, viesen bien claro ese destino para que hagan lo único que los hombres de verdad pueden y deben hacer con el destino, que es aceptarlo, y aceptándolo, dominarlo, hacerlo suyo. Esto es lo que los antiguos llamaban *amor fati*, el amor al sino, el entusiasmo por la tarea que nos es impuesta precisamente porque nos es impuesta y no es un capricho nuestro. La República es el destino que hoy se abre ante los españoles para hacer o rehacer una nación –destino, tal vez, bronco y difícil; pero, a fuer de destino, el único.

Cuando he dicho que no la ha «traído» nadie no pretendo escatimar ni un adarme de reconocimiento al esfuerzo, sacrificio y exposición que un grupo de hombres puso en el advenimiento de la República, y por los cuales, con pleno derecho, les fue entregado el Poder. Lo hicieron muy mal como gobernantes. No insistamos ahora en ello. Lo que he intentado significar es que todos esos esfuerzos particulares, por cuantiosos que fueran, no habrían bastado a traer la República; que ésta vino en todos y por todos. Así, he oído muchas veces a amigos y enemigos atribuir a cierto artículo mío, que terminaba en un *Delenda est Monarchia!*, no sé cuánta eficacia en el triunfo republicano. Lo he oído y he callado siempre con un silencio que no era otorgamiento. Porque, a mi juicio, la verdad no es que aquel artículo mío haya tenido importancia por contribuir más o menos al advenimiento de la República, sino al revés, porque la República venía por sus propios pies, tuvo importancia, es decir, resonancia simbólica, aquel artículo mío. La cosa es clara como «buenos días».

¿Contra una política o contra un Régimen?

En cambio, no es nada clara, antes bien, oscura y peligrosa, la situación en que la actitud de las llamadas «derechas» coloca a la vida pública española.

Se habla de su triunfo. A primera vista, esta expresión no hace sino enunciar un hecho notorio. Yo creo, sin embargo, que cuando se quiere precisar su sentido nos encontramos con una cuestión sobremanera confusa y grave. Comprenderán que nada hay más lejos de mi ánimo que el más leve intento de podarles la frondosidad de su victoria. Pero yo vivo en permanente servicio de mi nación. De ordinario procuro hacerlo con el menor ruido posible y eludiendo hasta el extremo intervenir en cuanto no me concierne. Mas todo grave asunto nacional me concierne de modo intrasferible. No está, pues, en mi albedrío callar ahora. No tengo más remedio que aclararme a mí mismo y luego a mis compatriotas lo que puede significar ese triunfo de las «derechas».

¿Qué quiere decir éste? Hay que responder sin subterfugios, evasivas ni equívocos. ¿Han triunfado contra una política o contra un Régimen? La diferencia es esencial. La confusión de ambas cosas, inmoral y mal preñada de enormes daños. Porque un Régimen no es una política ni un gobierno: es una serie indefinida de políticas y de gobiernos. Y ya hemos visto que esta República, menos que ningún otro Régimen, ha sido «traída» por la política de unos políticos. Creer lo contrario es hacerse ilusiones, estorbar la génesis de la nación y correr el riesgo de topar malamente, de bruces, con la áspera realidad.

¿Qué son, pues, las «derechas» triunfantes? ¿Otra política u otro Régimen?

El hecho de que a estas horas sea todavía necesario preguntarlo, revela un vicio muy radical en la propaganda que han hecho. Se han dirigido al país sin claridad en lo más esencial, hasta el punto de ocasionar el hecho sin ejemplo de haberse producido incuestionablemente un triunfo y que a estas horas no se sepa a quién corresponde. Se sabe la victoria y se ignora el triunfador. Repito una vez más: ¿Quién ha vencido? ¿Una política? ¿Un Régimen? Para colmo, ni aun suponiendo esto último, se aclara la duda. Porque, ¿qué Régimen habría triunfado admitiendo que no sea la República? ¿La Monarquía? ¡Perdón! –¿Cuál? Porque en el vientre caótico de esas «derechas» van dos.

Véase cómo tiene una significación sobremanera problemática esa expresión que parece tan sencilla: triunfo de las «derechas». Pirandello diría que es un triunfo en busca de triunfador.

Se dirá que las «derechas» no son más que una coalición de propaganda electoral impuesta por la necesidad de luchar contra el marxismo. Pero esto no basta, ni siquiera, como excusa hacia el pasado, y envuelve propia acusación contra el presente y el porvenir. Las coaliciones electorales que no implican una política positiva bajo cuyo emblema los coligados puedan gobernar juntos es... pura demagogia. Yo aplaudo –otra cosa me parecería robar a alguien lo que es suyo– el coraje y la constancia con que han combatido en una atmósfera difícil y hasta peligrosa. Pero desde el punto de vista de la construcción nacional han faltado al deber de afirmar una política, contentándose con negar, con ser antimarxistas. Bien: ya sabemos lo que *anti*-son; ahora es de toda urgencia que el país sepa *quién* son.

Prolongar la situación indecisa puede ser ultragrave para el inmediato porvenir. Porque es evidente que en la duda de si el conjunto amorfo de las «derechas» representa el combate en pro de una política o la subversión contra un Régimen, todos los que creemos que este Régimen, la República, no es un azar, ni una trastada, ni una manía, ni una «doctrina», sino lisa y llanamente el destino en que España está, tendremos que comportarnos aceptando el término más grave del dilema y enfrentarnos con las «derechas» no como se lucha contra otra política, sino como se pelea contra otro Régimen. Sobre su equívoco e indecisión gravitará la responsabilidad de la mala inteligencia y de sus estragos.

El punto de Arquímedes

Vamos camino de la nación. Y he aquí que una vez más, cuando íbamos a dar la arremetida salvadora, surge otra cuestión previa: el equívoco sobre el Régimen suscitado por unas elecciones en que se ha destacado una demagogia de «derecha» atenta en su programa a aprovechar los intereses heridos, pero no a dar un ejemplo de conciencia verdaderamente nacional. Vuelve a detenerse –y ahora es por culpa de otros– el curso del sino español.

Porque es inútil querer esfumar la agudeza del mal. Los próximos meses pueden ser de extremado riesgo. ¿Van a ser también perdidos totalmente para la seria reconstrucción de España?

Todo depende de una condición. Si esa condición se cumple, todo lo demás que pase, sea lo que sea, podrá en definitiva resultar fértil y significar un paso adelante en la instauración de una España mejor. La condición es ésta: que el Ejército y las fuerzas de seguridad pública cumplan rigorosamente con su deber profesional, y pase lo que pase, sirvan impertérritas de sostén a la ley.

Ése es el supuesto de todo, y si España no ha comenzado antes a robustecerse y ascender, fue, en última instancia, porque esos órganos del Estado, que son el aparato óseo y como la columna vertebral de una nación, no ofrecían garantías de absoluta impasibilidad política. Nada ha contribuido a desmoralizar la existencia pública de nuestro país como esa perpetua esperanza o perpetuo temor, que, con más o menos fundamento, tenían los españoles, de que se pudiese «contar» con el Ejército. Un Ejército con que se puede «contar» no es un ejército, y una nación a quien le acontece tenerlo, no es una nación posible. Un pueblo necesita que en medio de sus vacilaciones e impulsividades, rencillas y bandazos, exista un núcleo inconmovible, impasible representante de la continuidad sagrada de la vida nacional. Por eso decía que son Ejército y fuerzas de Orden público el aparato óseo que mantiene en pie la nación, cualesquiera que sean las carnes y los nervios que en torno a él se vaya haciendo. Sin ese aparato óseo, una nación es una babosa.

Esta profunda moral profesional de los Institutos armados tiene que ser el punto de Arquímedes sobre el que se apoye la remoralización de toda la vida española. Yo estoy seguro –porque ello va con los tiempos– que las nuevas generaciones de oficiales sienten asco ético hacia aquel militar con «ideas políticas» que durante un siglo ha balcanizado a España.

El ingreso de las derechas en la República

Cada hora que pase sin que precisen su actitud respecto al Régimen los grupos de «derecha» hasta ahora indecisos, intensifica el mal. Porque es evidente que cada una de esas horas obligará más a que los republicanos se apresten enérgicamente a la defensa de la República. Sobre esto conviene que no haya duda.

De aquí que sea tan copiosa la responsabilidad adscrita principalmente al mayor adalid de todas esas huestes, al señor Gil Robles, joven atleta victorioso, cuya iniciación parlamentaria presencié complacido desde el lugar de tormento que era mi escaño. Nadie, supongo, le regateará el reconocimiento de que ha combatido como un bravo y se ha ganado el buen éxito con sus puños. Esto no es, conste, permitirme apreciación alguna, ni positiva ni negativa, sobre las verosimilitudes de su porvenir político. No es hora para hablar de ello. Sólo me es forzoso censurar una vez más que haya caído en demagogia. Porque presumo que no considerará demagógico sólo hostigar a las masas de obreros, cuando ha sido tan evidente que era posible una demagogia de las beatas.

Tiene en torno suyo algunos consejeros perspicaces. Éstos no han podido dejar de ver ellos ni suponer que los demás no lo hemos visto, este hecho sobremanera

importante: que por todas las circunstancias han dado
estas elecciones el aforo máximo posible de las fuerzas
«derechistas». Se ha raído hasta el fondo del arca. Ya no
hay más. Se ha sacado de la cama a los enfermos. Se ha
extraído de las buhardillas a las ancianas de clases pasi-
vas. Se ha conducido hasta las urnas a las monjas vistién-
dolas con falda corta y melena al viento. No censuro
nada de esto, ni siquiera lo último, que es más discutible.
Quiero sólo hacer constar que ya no hay más. Y esto es
decisivo para poner mesura y continencia en las ilusiones futuras de las «derechas». Se trata de una advertencia leal que no pretende estirarse hasta la impertinencia
de un consejo.

Por otra parte, no se puede olvidar que detrás del señor
Gil Robles está la figura de la Iglesia. Y en esta hora de
nuestro camino nacional –camino de ventura o camino
de amargura, pero nuestro– no puede haber equívocos en
la actitud de un poder como el romano; poder, sin duda,
muy elevado, mas también poder extranacional. Tiene un
cierto derecho a decir esto quien hizo cuanto pudo, aun
cuando pudo muy poco, en la hora más difícil para que
la Iglesia quedase exactamente en el lugar debido.

El derecho a la defensa de la República

En nombre de la nación, pedimos, pues, claridad. El
Régimen es el suelo en que estamos y en que las «derechas» han podido conseguir su triunfo. Ese suelo

tiene que ser tierra firme. Sobre él nos urge comenzar la otra faena, la de hacer una nueva alma a nuestro pueblo en que rebrote lo mejor de su alma eterna. No admitimos en un asunto tal artimañas ni nieblas. Hay que dar diafanidad moral al aire público de España para que puedan respirarlo sus hombres. Tuérzase el cuello a la astucia. En el escudo castizo está el león, pero no la vulpeja.

Sobre todo, sería inútil. Nadie, con sentido, puede discutir el derecho de los republicanos a defender hasta lo último el Régimen. Mientras éste se halle en cuestión no puede quedar vía franca a una política normal. No es lícito a los republicanos abandonar un solo puesto estratégico.

No se compare la situación con la de la Monarquía porque es gana de perder otra vez la razón. Algunos monárquicos han censurado a don Alfonso XIII porque entregó el Régimen que representaba. Tal decir me parece estúpido y pura fraseología de gentes irresponsables. Don Alfonso cumplió con su deber. Pudo perfectamente sacar el Ejército español a la calle para combatir al pueblo español, y es muy posible que hubiera logrado vencer militarmente a éste. Pero esa victoria no era una solución. Don Alfonso se encontró con que la Monarquía, por unas u otras causas, había agotado todas sus reservas y no podía ofrecer a los españoles una solución. Mejor dicho, que sólo podía ofrecerles una: retirarse. Era el último deber nacional que podía cumplir un Régimen añejo que se ha gastado contra las esquinas de la historia.

Pero un Régimen naciente no se puede entregar, no tiene derecho a rendirse. Sobre todo, un Régimen que no ha sido «traído» por nadie, nadie tiene derecho a entregarlo.

Amor fati! ¡España, por una vez, agárrate bien a tu sino!

El Sol, 9 de diciembre de 1933